交渉に使える
CIA流

Spy The Lie

Former CIA Officers Teach You How to Detect Deception

嘘を見抜くテクニック

P・ヒューストン、M・フロイド、S・カルニセロ、D・テナント
Philip Houston, Michael Floyd, Susan Carnicero
& Don Tennant
［著］

中里京子
［訳］

創元社

SPY THE LIE

はじめに——ようこそ、私たちの世界へ！

想像してほしい。いまは二〇一一年九月一一日の夕刻。ニューヨークでは、その日の朝まで屹立《きつりつ》していた世界貿易センターのツインタワーが刺激臭に満ちた瓦礫《がれき》の山と化し、救急隊員が想像を絶する状況と格闘している。ペンシルベニア州シャンクスビル近郊では、ユナイテッド航空93便の残骸が、のどかな田園地帯をおぞましい災害現場に変えている。国防総省《ペンタゴン》の北東壁にえぐられた裂け目はくすぶりつづけ、そこからジョージワシントン・パークウェイに沿って数分離れたところであなたは、同僚とともに現実をなかなか受け止められずにいる。アメリカ合衆国がいま襲撃されているのだ。

あなただけではない。アメリカ国民も、世界の人たちも同じ現実に圧倒されかけている。こみあげる感情も、ほぼ同じ。違うのは、あなたがＣＩＡのオフィサーである、ということだけだ。あなたには特殊なスキルがある。それを使えば容疑者を捜し出し、国家がいかなる危機に瀕しているかを判断することも、再発を未然に防ぐ手立てを考えることもできる。

どうだろう。イメージが膨らんだだろうか。

私たち著者三人は、大いに異なる背景からまったく異なる道を辿ってこの世界の住人になった。

共通しているのは人間性への興味。そして、私たちが個人として、国民として、グローバル社会の一員として日々直面する問題の根底にはたいてい嘘がある、という確信である。

ＣＩＡのキャリア・オフィサーだったフィリップ・ヒューストン（以下、フィル）は、長年「ポリグラフ（嘘発見器）」の検査官を務めたのち、ＣＩＡの局員と機関の保安および内部調査を監督する上級職に就いた。そして、それまで手がけてきた数多くの取り調べや、相手を威圧することなく尋問する経験を通して、嘘を見抜く一連のユニークなテクニックを生み出した。史上最悪の緊迫した事態に直面したアメリカ合衆国は、彼が編みだしたこのテクニックを活用していくことになる。マイケル・フロイドは、民間のポリグラフ専門家として活躍したのちにＣＩＡに入局し、ＣＩＡの検査官のみならず、公的機関や民間機関に対しても広くポリグラフのトレーニングを施し、自らも数多くの犯罪捜査でポリグラフ検査を実施してきた。そのなかには世間の注目を集めた重大事件も数多く含まれている。犯罪心理学のエキスパート、スーザン・カルニセロは、みずからがＣＩＡの覆面工作員としてスパイの世界で活躍したのち、ポリグラフ検査官および適格審査スペシャリストとして内部勤務に就いた。私たちに共通していたのは、人が本当のことを言っているのかどうか見きわめられるようになりたい、という突き動かすほどの強い熱意だった。

本書で取り上げる嘘発見メソッドは、ポリグラフ検査の経験に端を発している。ベテランの検査官が行えば、真実を語っているかどうかかなり正しく確かめることができる。私たちのメソッドも、ポリグラフ検査と同じくらい、あるいはそれ以上の精度を期待していただいていい。

このメソッドを考えたのはフィルだが、ＣＩＡ専用として局内部で開発したものであるため、情報源や方法の秘匿義務からそっくりそのまま本書で披露するわけにはいかない。それでも効果的なメソッドであることはたちまち広まった。ＣＩＡ以外の情報機関や法執行機関〔アメリカ合衆国政府に属する一六の情報機関〕も本メソッドのトレーニングを受けることになったほどだ。以来、私たちは共に手を組み、このメソッドをさらに発展させ、より広範な目的に適用できるよう調整を加えてきた。

民間に対してもこのメソッドを伝える道が拓かれたのは一九九六年のことだった。その年、フィルとＣＩＡ保安局の同僚数名が、民間セクターにトレーニングを施す許可をＣＩＡから取り付けたのである。インテリジェンス・コミュニティに即した用途の大部分はもちろん機密扱いにとどまったものの、メソッドそのものは機密扱いとはみなされなかったため、ＣＩＡ外部での活用をはばむ制約はなくなった。のちにＣＩＡにおけるこのメソッドの指導的インストラクターとなるスーザンも、しばらくして民間に向けた取り組みに加わり、私たち三人は、ウォール街のクライアントから、企業、法律事務所、非営利団体、学術機関、そして地域の警察に至るまで、数多くの団体にトレーニングを施してきた。

それだけではない。この嘘発見メソッドは普通の人たちの生活にも適用できることに私たちは気づいた。トレーニングプログラムという形では伝えられないが、きっともっと多くの人たちの役に立つはずだ。そこで私たちはあらゆる場所にいる人たちにこのメソッドを紹介し、職場、家庭、学校など日常生活のさまざまな場面で使っていただこうと考えた。そう、あなたもそのひとり。

誰でもそうだが、あなたもしょっちゅうこんな疑問を抱いているのではないだろうか。答えしだいでは人生が大きく変わってしまうような、大事な問いだ。たとえば、上司は今期と次期の業績見通しを述べ「うちを辞めてライバル会社に逃げ込もうなんて考えるのは愚の骨頂だ」と言ったが、はたして本音だろうか。夫は昨晩遅くなった理由を「仲間と飲んでいたから」と言うが、正直に言っているのだろうか。息子は「クスリなんかやってない」と言いはるが、何か隠しているんじゃないだろうか。自分の人生にそれほど関係ないとはいえ、本当かどうか知りたいこともあるだろう。次シーズンはプレイしないと言ったあのクォーターバック。今度こそ本気なのだろうか。大統領選には出馬しません、と言うあの政治家は？

この手の疑問は日々とめどもなくわき起こる。思い切って問うたとき、相手の反応から嘘を見抜くことができるとしたら、どうだろう。このスキルをみごと身につければ、相手の嘘にひっかかることはない。さあ、始めてみよう。

交渉に使える　CIA流　嘘を見抜くテクニック　目次

※本文中〔　〕は訳者による注や補足を示している。
本文中の＊が付いた語は、巻末の用語集に解説がある。

装丁　濱崎実幸

交渉に使える　ＣＩＡ流　嘘を見抜くテクニック

1 人を嘘つきと呼ぶことの難しさ

人が嘘を信じるのは、そうしなければならないからではなく、そうしたいからだ。

——マルカム・マガリッジ
〔英国のジャーナリスト、作家。一九〇三〜一九九〇〕

その日、フィルはついているぞと思った。国名を明かすことは機密上できないが、某国の、とあるホテルでその日聴取を行う予定になっていた現地の協力者は、二〇年間にわたってＣＩＡに優れた働きを見せ、忠誠心はすでに証明ずみだとみなされていたからだ。ここでは、その男を「オマール」と呼ぶことにする。彼は、長年にわたり幾度となく報告聴取や保安上の定期聴取などを受けており、信頼度はそのつど強まっていた。すなわち、ＣＩＡの要請に応じていつでもミッションを完遂する覚悟のある、信頼のおける協力者と思われていたのである。

フィルと保安局の同僚がＣＩＡ本部《ラングレー》から派遣されたのは、同地域の国々にいる重要な協力者たちに所定の聴取を行うためだった。ＣＩＡの厳しい機密要件を満たすため、現地の協力者たちも、ＣＩＡ局員と同じように定期的に聴取を受けることが義務付けられている。現場に赴くのは、いつでも恰好の気分転換になるといえば面白い任務であるが、半面非常に骨の折れる任務でもあった。極度の緊張を強いられるうえ、協力者が少しでも嘘をついていると思われれば、取り調べは長丁場になることも珍しくなかった。

事前調査を綿密に行うたちのフィルは、今回もオマールの資料にきっちり目を通した。対ヴァージニア工科大学戦にむけてイースト・カロライナ大学のフットボールチーム〈パイレーツ〉にコーチをする準備さながらの真剣さで、オマールの過去の行動について調べあげた。フットボールのコーチのたとえを使うなら、勝ちにつながりそうなどんなわずかなヒントも見逃すまいと試合のビデオをチェックするようなものだ。チェックが済んでオマールのファイルを閉じたとき、フィルは幸運に感謝した。この聴取は簡単だ、彼がシロなのは火を見るより明らかだと。

安全が確保されている宿舎を出て聴取に向かおうとしたとき、フィルは同僚から声をかけられた。

「今夜は、晩飯を一緒にとるのは無理だろうね」

「いや、だいじょうぶだ。きょうの相手はわけない。二時間後には合流するよ」フィルは請け合った。

だが同僚はいかにも疑わしそうなそぶりを見せて言った。「そんなわけないだろ」。

「いや、ついに運が向いてきたんだ」フィルは断言した。「このところ難しいケースばかり続いていたけれど、今回は違う。彼はいままでＣＩＡの連中にさんざん調べられてきていて、疑わしいところなど、これっぽっちもないからね。じゃあ、二時間後に会おう」。

フィルはあらかじめ用意された密会場所——市内にある高層ホテルの一室——に向かった。オマールをそのホテルに連れてくること自体がひと仕事で、敵対する情報機関に発見されないように、慎重に練られた一連のステップを正確に遂行することが必要だった。ともあれ、フィルとオマールは、それぞれ無事に目的地に到着し、隅に居心地のよい居間がある上層階のスイートに落ち着いて、ひとくさりなごやかな会話を交わした。そしていよいよ、フィルが仕事にとりかかった。

ソファーに座ったフィルは、隣の安楽椅子にオマールを招いた。同じような面接を数多くこなしてきた彼のことだ。その日の手順は完璧に予習済みだった。フィルはリラックスしながらも、用意してあった所定の質問のリストをてきぱきと辿り始めた。当然のことながら、オマールはそういった質問に直接かつ自然な答えを返してきた。二〇年もの間現地のエージェントとして働いてきたオマールも聴取の手順を知り尽くしている。フィルにはそれがよくわかった。

「あなたは長い間私たちに協力してきてくれました」とフィルはまずねぎらいの言葉をかけてから尋ねた。「でも、私たち以外の人に協力したことがありますか？」

この質問は、どんな現地エージェントに対しても必ず問わねばならない所定の質問――敵のもとで働いたことがあるか――を、長年信頼してきたオマールに角が立たないよう問いかけたものだった。が、その次に起きたことに、フィルは驚いてしまった。

オマールは椅子の中で体をもぞもぞと動かすと、その動きを止め、見るからに居心地悪そうに「祈ってもいいですか？」と訊いたのである。

フィルは、フットボールの試合で、ポケットから走り出したあとに背後から打ちのめされたクォーターバックになったような気がした。〝ええ!?　いったいなんでそんなことを？〟　オマールがそんな行動をとるとはまったく予測していなかった。が、それは目の前で起きている現実だった。

「ええ、かまいませんよ」フィルはまだショックから立ち直れないままこう答えた。しばらく頭を垂れて祈りさえすれば、オマールは質問に答えるだろう。ところが、次に起きたことに、頭を抱えてしまった。

オマールは椅子から立ち上がって浴室に向かい、バスタオルを取って戻ってきたのである。何をしようとしているのか。それにだいたいおかしいではないか。オマールの経歴には一点の曇りもなく、フィルもその時点までは、彼が嘘をついていないと確信していた。だから、このオマールの行動には、何らかの合理的な理由があってしかるべきだった。

目の前で起きていることを理解しようとフィルが頭を絞るなか、オマールは窓辺に近づいていった。〝いったい何をしているんだ？ タオルを使って、誰かに合図をしようとしているのか？ 事態はどこまで悪くなるんだ？〟 こう思った直後、フィルは気づいた。オマールはイスラム教徒だ。窓辺に立ったのは方角を確かめて、メッカの方角に向かって祈りを捧げるためだろう。イスラム教徒は、一日の決まった時間に何度か祈りを捧げる。いまは、ちょうどそんな祈りの時間に当たっているのかもしれない……。

案の定、オマールはバスタオルを床に丁寧に広げ、礼拝用の敷物の代わりとしてその上にひれ伏すと、祈り始めた。その間、フィルの頭の中ではめまぐるしく思いが駆け巡り、自分の判断が心もとなくなってきた。もしかしたら、オマールの気分を害するようなことや、彼の信仰を冒瀆《ぼうとく》するようなことを口にしてしまったのではないだろうか……。問題があるのはオマールの行動ではなく、自分の面接の運び方のほうだと、フィルは願わずにはいられなかった。なんといっても、オマールは現地のCIA活動における重要な協力者だ。長年信頼され、それまで多くの面接官に潔白が証明されてきた情報提供者が疑わしいなどとクレームをつければ、現地のチーフはオマールでなくフィルを悪者扱いするに違いない。さらに腹がすいてきた。同僚に約束した夕食の時間も迫ってきている。オマールの潔白を誰より願っていたのは、ほかならぬフィル自身だった。

一〇分ほど祈りを捧げると、オマールは立ちあがってタオルをたたみ、椅子に戻ってきた。聴取を再開するにあたって心を落ち着かせたフィルは、オマールの行動を客観的に判断するどころか、自分自身が彼を信用したいというバイアスに振り回されていたことに気づいた。やるべきことは一つしかなかった——同じ質問をもう一度ぶつけることだ。

しかしオマールの反応は、フィルが期待したものとは正反対だった。彼は体を固くしてぎこちなく両脚を動かすと、こう反論したのだ。「なぜそんなことを訊くんです？　何か気になることでもあるんですか？」

たとえそれまで気になることがなかったとしても、もはや大ありだった。質問に対するオマールの言動を見て、フィルはモードを切り替える時が来たと判断した。相手と対立することなく尋問を行う際の研ぎ澄まされたスキルを総動員し、フィルはあらかじめ定められた最終目的地——告白——に相手をいざなう人間GPSになった。

目的地への到着は、思ったより早かった。オマールは一時間もしないうちに、CIAの現地人エージェントとして働いていた丸二〇年間、敵の情報機関のスパイとして働いていたと認めたのである。

　とはいえ、フィルの仕事はまだ終わっていなかった。それどころか、肝心なのはその先だった。こうなったからには、この長い年月敵側のスパイだったと言うオマールの話が真実である確証を手にしなければならない。尋問モードをしっかり固めて、フィルは告白を裏付ける情報を得るための質問をオマールにし始めた。二〇年間隠しつづけた真実がついに明るみに出たいま、オマールは何年にもわたってＣＩＡの訓練を受ける際に初心者のふりをしていたと白状した。そうした訓練の多くはすでに敵側から受けていたという。さらに彼は、アメリカに対して行った諜報行為の成功例について詳しく語り始めた。なかでも、あるエピソードは背筋が凍るようなケースだった。

　世界のどの拠点でも、ＣＩＡの機密活動に通じるカギを握っているのはコミュニケーション・オフィサーだ。彼らは、自分の任地とＣＩＡ本部、そして世界中のＣＩＡ拠点との間で交わされる通信を担当しており、ＣＩＡの極めてデリケートな通信網や、各拠点から送受信されるあらゆる機密文書にアクセスすることができる。敵側の情報機関にとって現地のＣＩＡ要員が情報の金鉱だとすれば、コミュニケーション・オフィサーはまさに金の主脈だ。

　オマールは、近くのＣＩＡ拠点にいるこのコミュニケーション要員に危険なほど接近していたのだった。その拠点にはコミュニケーション・オフィサーが二人いて、同じ家に住み、現地の使用人を雇っていたのだが、オマールは、この使用人を内通者としてリクルートしていたのである。

　このような重大な事態が引き起こしかねないダメージをよく知っていたフィルは、ふたたびボディブローを浴びせられたような気がした。とはいえ、そのインパクトはすぐに和らいだ。この内通者は、リクルートに成功してから二か月も経たないうちに、使用人の仕事を突然辞めてしまったとオマールが明かしたからだ。オマールがこの悪い知らせを敵側の管理者《ハンドラー》に伝えたとき、元重量挙げ選手だったその男は激怒して椅子をつかみ上げ、素手で壊してしまったという。CIAのコミュニケーション・オフィサーの住居内に情報提供者を忍ばせることが、これほど重要視されているとは思っていなかったオマールは、ハンドラーが自分に向かって抑えがきかないほど怒鳴り散らしたときに身の安全が心配になり始めたとフィルに明かした。

フィルは、同情するように頷きながら、オマールのあらいざらいの告白に耳を傾けた。心中は浮き立っていた。聴取で夕飯を逃すことはいくらでもあったが、これほどの見返りを手にすることは滅多になかったからだ。

ようやくフィルが聴取の終了を告げたとき、空はすでに白んでいた。オマールは去って行った。自分がしでかしたことを追及する手段がとられることは、わかりすぎるほどわかっていたことだろう。一方フィルはCIAの施設に戻ると、ただちにラングレーに打電した。オマールが二重スパイだったという事実は、不信に近い驚きをもって受け取られた。そんなことがありえるのか、どうやってオマールはこれほど長い間私たちを欺くことができたのかと。

フィルには、答えがわかりかけてきていた。嘘は、ときに見抜くのが非常に難しい。彼自身、オマールに聴取を行ったあのホテルのスイートで、きわどい失敗をしでかす瀬戸際にいた。オマールを信用したいと切に願っていたことも自覚していた。オマールを信用すべき理由をわざわざ探し、彼の信仰や宗教上の慣習に敬意を払わなかったのではないかと自らを責めさえした。自制心を持ち、システマティックで客観的な聴取のアプローチをきっちり守ろうとしてはじめて、オマールの嘘を見抜くことができたのだ。

フィルの頭の中で、このシステマティックなアプローチが形を取り始めていた。それは言わば制作途中の作品で、自分が受けてきた訓練と、何百回も行ってきた取り調べで観察してきた人間行動に関する知見が合わさったものだった。彼には人間の行動を評価する才覚があるらしく、その能力は時を経るにつれて、ますます研ぎ澄まされてきていた。もちろん直観的なものもあるが、それだけではなかった。一種の認知解析とでも言おうか、質問に対する言葉や表情などの反応をほとんど無意識のうちに分類していた。この反応群がまとまり、驚くほどの効果的な嘘発見ノウハウができていく。フィルはやがて、この感覚的なコツだったものを、数量で表され再現可能なスキルにまとめていくことになる。しかしこの時点ではまだ、このスキルが真実と嘘とを見分けるメソッドにつながり、あらゆる情報コミュニティや法執行コミュニティのオフィサーたちだけでなく、民間セクターのあらゆる人々にも活用されることになるとは、フィル自身知るよしもなかった。

●嘘を見抜くのが難しいのは、相手を信じたいという気持ちがこちら側にあるためである。

Navigating the Deception Detection Obstacle Course

2 嘘発見を妨げるもの

コミュニケーションにおける最大の問題は、意思疎通が図られたという幻想を抱くことだ。

——ダニエル W. ダヴェンポート

「人間嘘発見器」などというものは存在しない。私たち著者も自分のことをそんなふうには考えていないと、ここではっきりお伝えしておこう。相手が嘘をついているかどうかが一〇〇パーセント見抜ける人間など、この地球上にはいない。ただし、相手が話した内容が自分の知っている事実と反する場合は別である。たとえば、二〇〇八年から二〇〇九年にかけて、アメフトチーム〈ワシントン・レッドスキンズ〉のヘッドコーチ、マイク・シャナハンのもとでアシスタントコーチをしていたと自慢する人がいたとしよう。もし、シャナハンが〈レッドスキンズ〉に雇われたのは二〇一〇年以降だという事実をたまたま知っていれば、それが嘘であることはすぐにわかる。しかしこちらが、マイク・シャナハンとマイク・ディトカ〔元〈シカゴ・ベアーズ〉のヘッドコーチ〕の違いもわからず、〈レッドスキンズ〉のコーチが誰なのかも知らなければ、相手が嘘をついているかどうかを知るすべはない。本書を読もうが、他のどんな本を読もうが、それは厳然たる事実である。

私たちにできることは、あまたの状況で非常に効果があると証明された嘘発見ツールを紹介し、使い方を手ほどきすることだ。これらのツールは、CIAにおける聴取や尋問を通してフィルが開発していたシステマティックなアプローチを応用するための手段だと考えたらいいだろう。このアプローチこそ、究極的に嘘を見抜くためのメソッドに結実することになったものだ。

しかしこのメソッドについて詳しく説明する前に、まずは、なぜ嘘が見抜けないのかを知っていただかなければならない。とりわけ手ごわい要因から見ていくことにしよう。

人は嘘をつかないという思い込み

この思い込みは、フィルがオマールを聴取したときに直面した最大の課題だ。オマールは何度も調べられてきており、その誠実さと堅実さを疑う理由など、どこにもないと思われていた。もっと日常的な世界では、この思い込みは、社会が築く障害だと考えることができる。というのも、私たちが暮らす社会では、人は罪が証明されるまで無実だとみなされるからだ。また、嘘をつくことは最大の罪だと幼い頃から教えこまれ、子どもが何かしでかすと、親は「やってしまったことより、やっていないと嘘をつくほうが一〇倍悪い」とわが子を諭《さと》す。この影響で、誰かを嘘つきと呼ばなければならない立場に立たされると居心地の悪い思いを抱き、私たちは相手を信じたくなってしまう。しかし、人間とは嘘をつくものだ。しかも何度も。ある行動学的研究によると、人は平均して、二四時間に少なくとも一〇回は嘘をつくそうだ——もちろんこれには、相手を傷つけないため、あるいは対立を避けるための、いわゆる〝罪のない嘘《ホワイト・ライ》〟も含まれてはいるが。心理学者は「自分の利益になると思えば、誰だって嘘をつく」と言うだろう。私たちはそれに「おとがめなしだと思えば、嘘をつく可能性はさらに高まる」と付け加えたい。

相手が嘘をついていないと思いたくなる要因はほかにもある。そのひとつが、他人を裁く立場に立ちたくないという感情だ。もっともなことだ。人は誰でも、自分には他人を裁く権利などないと思う。だから、他人を非難したがらない。けれども忘れてはならないのは「真実究明のプロセス自体は、人を非難する行為ではない」という事実だ。むしろ相手を裁こうとする気持ちが少しでも入り込もうものなら、真実を探り出すためのシステマティックなアプローチから逸脱してしまい、かえって正しい判断ができなくなる。私たち著者三人は、真実を導き出す過程で、相手を裁こうとか、裁きたいとかいった思いを抱いたことは一切ない。嘘を見抜こうとする唯一の目的は、事実を伝えて、意思決定に役立てるためだ。あらゆる状況下で最良の決定が下せるようになるために。

しぐさで嘘が見抜けるという幻想

嘘や真実のサインとなる〝しぐさ〟について耳にしたことがあるだろう。もしかしたら、実際に学んだ経験さえあるかもしれない。しかし、それらを十分に裏付ける証拠は実は存在しない。そのため、嘘を見抜こうとする際には、このようなものには頼らないようお勧めする。この問題については、第12章でさらに詳しく述べることにしよう。

コミュニケーションの複雑さ

とくに意識することはないだろうが、相手が嘘をついているかどうかを見抜くときはコミュニケーションを分析しようとする。ところが厄介なことに、コミュニケーションは、とかくぶれが生じやすい。まず、言葉というものは不正確なものであるため、人は言葉を聞き取ると自分なりの解釈を加え、それに基づいて伝えられた内容を理解し反応してしまう。また、コミュニケーションの分析には、言葉以外のものも考えなければならない。実のところ、言葉はコミュニケーションの主要な地位さえ占めていない。コミュニケーションを言葉（言語）とそれ以外のもの（非言語）に大まかに分けると、意思疎通の大部分は言葉以外のものを通して行われていることが研究で明らかになっている。

それではなぜ、こうしたことが嘘発見において問題になるのか。大部分のコミュニケーションが言葉以外の方法で行われているなら、私たちは伝えられていることが分析できるほど非言語コミュニケーションの訓練を受けているだろうか。おそらくそんな訓練など受けたことがない人がほとんどだろう。それでも、少なくとも言語コミュニケーションについてはちゃんとできているのではないか？　そうかもしれないし違うかもしれない。夫や妻のことを「聞き上手」と言う人がどれだけいるだろう。実のところ、私たちの大部分は必ずしもコミュニケーションに長《た》けているとは限らないのだ。これでは嘘を見抜くのに支障が出る。つまり、嘘を上手に見抜くには、コミュニケーションにそなわる複雑さを克服する手段が必要になってくるのだ。

避けがたいバイアス

偏《かたよ》った見方を指す「バイアス」という言葉には、ネガティブな意味合いがつきまといがちだ。けれどもバイアスは人生にはつきもので、必ずしもネガティブなものであるとは限らない。どんな人でもバイアスがかかった見方はする。ひいきのスポーツチームがあれば、それもバイアスの一種だ。完全に中立の立場に立たない限り、好悪《こうお》のバイアスがかかるのは避けられない。問題は、こういったバイアスが、相手を信じるか信じないかに大きく影響することだ。面接を行うようなときに、いちいち自分のバイアスをチェックしている暇はない。面接中にそんなことを考えなくてもすむように、自分のバイアスをコントロールする必要が生じる。

一九九〇年代初期に実際に起きたある事件について考えてみよう。カリフォルニア州にあった悪魔崇拝教団の教祖が、教団に属していた六〇人の子どもたちを性的に虐待したという嫌疑で訴えられた事件だ。〝被害者〟の一人だった一三歳の少女は、自分や他の子どもたちが数年前に耐え忍ばなければならなかったおぞましい仕打ちを、穏やかな口調で担当官に打ち明けた。当然予想されたことに教祖は嫌疑を全面的に否定した。一方、少女の話を裏付ける証拠もなかった。悪魔崇拝教団の教祖と無邪気な少女——どちらが真実を語っているのだろう? 少女の話を聞いた者は、真実だと信じて疑わなかった。しかし、そこにバイアスが働く余地はなかっただろうか?

この少女に対する聞き取りを依頼されたのが、著者の一人であるマイケルだった。彼はこれから紹介する〝メソッド〟を使って、聞き取り中に自分のバイアスをコントロールし、真実を導き出すことに成功した。結局少女は、彼女の話が全部作りごとだったことを認めたのである。

本書のもう一人の著者スーザンは、顧客企業から依頼されて、ここで「メアリー」と呼ぶ女性の採用面接を行った。スーザンは企業の担当者から、メアリーが癌を患っていると告げられていた。癌にかかった人を身近に持つ誰もがそうであるように、スーザンが同情心から面接にバイアスをかけたとしても、とがめられることはなかっただろう。しかし彼女は、自らのバイアスをコントロールして、採用を考慮していた企業をびっくりさせるような真実を引き出していった。そして、たった一度の面接で、メアリーが癌にかかったふりをしていると見抜いたのである。しばらく前に両親を交通事故でなくしたメアリーは、それまでの快適なライフスタイルが続けられなくなっていた。ヨットクラブの名義が両親になっていたため、家族特典を失いかけていたのだ。この特典は、酌《しゃく》量《りょう》すべき事情がある場合には一年間延長されることを知った彼女は、ヨットクラブの支配人に癌にかかったと嘘をついた。ところが、まんまとクラブをだますことには成功したものの、親友の両親もクラブのメンバーだったので、その一家にも癌にかかったふりをしなければならなくなってしまった。そのうえ、話を聞いた親友の父親がメアリーを気の毒に思い、いまの勤め先を斡旋してくれたのである。「働きたくない日は、化学療法を受けることになっていると言えば簡単に休めるわ」とメアリーはスーザンに明かした。しかしスーザンの面接はそう簡単にはいかなかった。

バイアスに関して、もう一つ強調しておきたいことがある。その影響を決して軽んじてはならないということだ。どれほど嘘発見がうまくても、バイアスをしっかりコントロールしなければ必ず失敗する。フィルの二人の息子は、大人になるまで「無実が証明されるまでは有罪」とみなされたという。一方、愛娘のベスは、何についても罪を問われることはなかった。彼女はフィルや兄弟たちと同じくらい競争心が強いから、家族でゲームをするときの採点係が彼女でなかったことを祈りたいものだ。

情報は多ければ多いほどいいのか？

相手の嘘を見抜こうとするとき、意識していたか否かにかかわらず、相手の行動についてとにかくたくさんの情報を集めようとしていないだろうか。この考え方は次のような理屈からなっている。「これから人間掃除機になって、吸い上げられるかぎりの情報を集めよう。そうすれば、最良の判断を下すことができる」。しかし一見道理にかなってはいても、そんなことは実行不可能だ。押し寄せる厖大なデータを処理するには数多くのタスクをこなさなければならず、それらすべてをやり遂げることなど、とうてい無理である。まるで消防ホースから水を飲もうとするようなものだ。そのうえ、このやり方では、観察した数多くの行動の意味するところを当て推量で読み取らなければならなくなる。たとえば、面接を受けている人が体を縮こめて胸の前で腕を組んだら、何か隠していることがある印だ、というようなことがよく言われる。だがもしかしたら、その姿勢はその人にとって単に居心地の良いものだったのかもしれないし、ただ寒くてそんな姿勢をとっただけかもしれない。これでは、当てずっぽうな推量をすることになり、とても正確なデータを集めるための手段とは言えない。

ではどうすればよいかと言うと、無関係なデータを振り分けるシステマティックなアプローチをとって、押し寄せてくるデータを整理すればいい。本書で紹介するメソッドを使えば、それが可能になる。

嘘発見メソッドと人を欺こうとする個々の行為について具体的に見ていく前に、理解しておくべきことがもう一つある。それは、人というものは必ずしも論理的な行動をとるとは限らず、こちらが予想したとおりに行動するとも限らないという事実だ。人が論理的だとみなす行動には、自分の信念や倫理規範が反映されている。私たちはＣＩＡの心理学者から、人間の行動と論理性には、たとえ関係が見つかったとしても、それは単に偶然の所産にすぎないという考えを叩き込まれてきた。そしてこの考えが完全に正しいことは、現場で身をもって学んだ。

スーザンは、かつて自分が不測の事態を予測すべきであると思い知らされたときのことをよく覚えている。あるとき彼女は、幼かった娘ローレンと友人のシンディとともにジャマイカに休暇に出かけ、家族がリゾートホテルの敷地の一角に所有していた別荘に滞在した。その別荘には、長年にわたって一家が信頼を寄せている家政婦とプールボーイがいたが、スーザンは娘の世話を任せるため、ホテルを通じてベビーシッターも頼んでいた。

家庭的でなじみのあるコテージの環境を快適に感じていたスーザンとシンディは、貴重品と現金をホテルの金庫に預けずにコテージに置くことについて、まったく心配していなかった。しかしコテージで最初の夜を過ごした翌日、シンディがスーザンに打ち明けたのである。寝室の化粧台に置いてあった四〇ドルがなくなっていると。

おそらくシンディがどこかに置き忘れたにちがいないとスーザンは思ったが、それでも万一のことを考えて、二人は手持ちの現金をホテルの金庫に預けることにした。休暇も終わりに近づき、いよいよ明日は出発だというある日、スーザンはホテルの金庫から現金を取り出して財布に入れ、化粧台の引き出しにしまった。翌朝、最後のひと泳ぎから別荘に戻ったとき、中身の現金――およそ一二〇〇ドル――は消えていた。

そんなことはありえない。家政婦とプールボーイは家族のような存在だったし、ベビーシッター――ここでは「ベティ」と呼ぶことにする――は信頼してわが子を任せていた女性だ。そんな三人の誰かが信頼を裏切るようなことをするとはとても思えなかった。

実は、この休暇に出かける直前、スーザンとシンディは、本書で紹介する嘘発見メソッドの訓練を初めて受けていた。そこでスーザンは、何が起こったか明らかにするためにこのメソッドを活用してみた。ホテルの支配人に盗難の報告をして、ベティと話がしたいと申し入れたのだが、支配人の答えは、そんなことをしても無駄だと言うばかり。ベティが盗んだと証明する手段はないし、彼女は絶対に盗みを認めないだろうと言う。ついには、ジャマイカ人の精神構造は盗みを認めるようにはできていないとまで主張する始末だった。しかしスーザンがあくまで言い張ったので、「ベティを叩かないでくださいよ」という条件つきで支配人は折れた。もともと叩くなどということは、スーザンの行動プランには入っていなかったのだが。

学んだばかりのメソッドを試したいとわくわくしながら、スーザンはコテージへの道を辿った。まだ習いたてだったため、どこまで使いこなせるかはわからなかったが、それでも試してみる価値はあると思った。彼女はコテージに着くと、話があると言って、ベティを寝室に呼び寄せた。

ベティが寝室に入るなり、スーザンはドアを閉めて切り出した。

「ここにかなりの額のお金を置いておいたのだけれど、それがなくなっているの。ベティ、あなたが盗んだの？」

後ずさりしたベティは、化粧台にぶつかりながら言った。「何のお金です？」

「この化粧台の引き出しに入れておいた、お財布の中のお金よ」スーザンは答えた。

ベティはしばらくしてから言った。「私はローレンの世話をしていたんですよ！　あの子から目を離したことは、いっときだってなかったんですよ！」

スーザンは躊躇《ちゅうちょ》した。事実、ベティはローレンの世話をよくしてくれていた。彼女は真実を語っているのだろうか？　スーザンは質問を続けることにした。

「ベティ、家政婦とプールボーイが、私の財布にあなたが手を入れたところを見たと言う可能性があると思う？」

居心地悪そうに体の重心を移したまま何も答えないベティを見て、スーザンは推定質問*をするときが訪れたと判断した。推定質問とは、問題の核心に関して何らかの推定を立て、それに基づいてする質問である。スーザンは、ベティが金を盗んだという推定のもとに次の質問をした。（推定質問については、第10章で詳しく説明しよう。）

「ベティ、あのお金をどうしたの？」

「すみません」とベティは答えた。

スーザンは、驚いて訊き返した。「え、いまなんて？」

「すみませんでした」。こう言ってベティはブラジャーの中に手を入れ、札束を取り出したのだった。

スーザンは、信じられない思いにとらわれていた。とくに支配人の話を聞いたあとではまったく予想外の展開だ。「ジャマイカ人は自分の不正を認めない」という支配人の持論はあっさりとくつがえされ、ベティは無実を主張するだろうと思った自分の予想も完全に覆されてしまった。このメソッドには本当に効果があったのだ。その瞬間、スーザンはメソッドのとりこになった。あの日彼女は、人の行動は必ずしも理屈どおりではないこと、人の考えや行動を評価する際、理屈に合うかどうかは重要ではないことを知った。こののちスーザンは、影響を及ぼす範囲がずっと大きくて重大な状況で、このとき学んだ知識を活用していくことになる。

フィルはすでにそういった知識をものにしていた。人は、自分の予想に影響を受けるという事実も、すでに身をもって学んでいた。たとえば教養にあふれた頭の切れる相手を前にすると、そんな人があからさまに嘘を露呈するような行動を見せるはずがないと思い込んでしまう。また、嘘を露呈する行動を見せているとすれば、相手はそんな行動がどう映るのかがわかったうえで、わざとそうしているはずだと思い込み、相手を疑う自分を疑ってかかることさえする。しかし、人というものは、ほかの人に論理的に思えるやり方で自分の行動を捉えているとは限らない。ゆえに、どんなに聡明で教養がある人でも、嘘を露呈する行動はやはり見せてしまうのだ。

かつてフィルは、博士号を持つアカデミックな知識人の聴取を手がけたことがある。その男はCIAがリクルートしたばかりの現地人協力者だった。他国の情報機関に協力したことがあるか、という通常の質問をしたところ、この男はとても奇妙な反応を見せた。突然立ち上がったかと思うと「いいえ、先生《サー》」と言って腰を下ろしたのである。まるで子どもの頃に戻って教師の質問に答えるかのように。結局この男はロシア側にリクルートされてＫＧＢの仕事をしていたと白状した。

この男の行動が奇妙だったとすれば、次のケースの奇妙さはさらに上を行くものだった。フィルが尋問していたのは、アメリカにとって有害な活動に携わっていると疑われていた現地人エージェントだった。「あなたはやったのですか？」という質問をしたとき、このスパイは指を一本立ててフィルをにらみつけると、こう言い放った。

「おわかりかな、私には君を殺させることだってできたんだよ」。明らかにフィルの質問が気に入らなかったらしい。

「ああ、そうでしょうね」フィルはこう答えると、すぐさま同じ質問をくり返した。そのわけについては、第６章で説明しよう。

- **嘘を見抜く目的は、人を非難することではなく、真実を究明して正しい判断を下せるようにすることである。**
- **嘘を見抜こうとする際には、しぐさに頼らず、コミュニケーションの複雑さを理解し、克服することが必要。**

3 嘘を見抜くためのメソッド——すべてはこれに尽きる

進歩は問いに答えを出すことによりなされ、発見は答えを問うことによりなされる。

——バーナード・ハイシュ
〔ドイツ出身の天体物理学者〕

私たちが嘘を見抜くために活用しているメソッドは偶然生まれたものではない。しかし、もしセレンディピティが関与していたとすれば、それは一九七八年にフィルがCIAに採用されたときの配属先が保安部だったことだろう。ご想像にたがわず保安部は、世界中に散らばるCIAの施設、局員、そして情報における機密保持を手がける部署だ。ラングレーで警備課の夜間シフトを半年間務めたのちに、ワシントン支局に移って一年ほどたった頃、フィルは保安部内の他の部署に欠員が生じていることを知った——ポリグラフ部である。経験の幅を広げたかったフィルは、募集に応募してみることにした。

が、残念なことに彼の挑戦は失敗に終わってしまった。ポリグラフ検査官として力を発揮するには、まだ若すぎて経験不足だと、ポリグラフ部のチーフが判断したためである。もしこのまま何も起こらなかったら、話はここで終わっていたかもしれない。だが、しばらくのちに、このチーフが退職した。そしてポリグラフ検査官が依然不足するなか、同部の副チーフだったジョージ・マーケリンスキが、まだやる気があるかどうかとフィルに問い合わせてきたのだった。

実のところフィルは、この頃、不採用になったのはかえってよかったかもしれないと思っていた。検査官の仕事が自分に合っているかどうか確信が持てなかったのだ。ＣＩＡの採用試験で実際に体験したときのことや、多くの同僚から聞かされた経験を考えあわせると、検査官はある程度の冷酷さや、感情を押し殺した客観性をそなえていることが必要なのではないかと。何よりポリグラフ検査官の手腕には、人の命や国家の安全が懸かっている。そのため検査はとてつもなく重大な任務だ。それでなくてもポリグラフ検査は被検者の心理に深く食い込むものだから、相手を精神的に深く追い詰めるような状況を平常心でこなせる者でなければ検査官は務められないと思われた。

フィルは、冷静で感情を押し殺すようなタイプの人間ではなかった。むしろ父親になったばかりのふつうの男で、おおらかで気立てが良く、自分のことを「ナイスガイ」と考えているような人間だった。だからジョージがアプローチしてきたとき、フィルは懸念を打ち明けた。だが、彼のそんな心配を和らげるのに、たいして時間はかからなかった。

「君のような人こそ、まさにぼくらが求めている人材なんだ」とジョージは言った。客観的でバランスのとれた情報を入手し、相手の行動を正確に判断するには、フィルのような性格の人が最も適任で、相手が嘘をついていないという判断が下せることは、嘘をついているという判断が下せることと同じくらい重要である、「ナイスガイ」タイプの人は公平な感覚を持っていることが多く、バイアスをうまくコントロールできるのだと。それだけ聞けば十分だった。ほどなくしてフィルは、ポリグラフ検査のエキスパートから六か月間にわたって直接トレーニングを受けるためシカゴに向かっていた。そのときのトレーナーの一人が、本書の共著者マイケル・フロイドである。以来フィルは、CIAにおけるキャリアのうちの一四年間をポリグラフ検査官として過ごすことになった。

さてここで、ポリグラフ検査についてちょっと説明しておこう。〝人間嘘発見器〟が存在しないのと同じように、〝嘘発見器〟も存在しない。ポリグラフ検査器が嘘を発見するわけではないのだ。この器械が検出するのは、刺激*に反応して人体に生じる生理的な変化。そして刺激とは、ポリグラフ検査官が繰り出す質問である。体の変化に関連する被検者の不安感が嘘を示唆しているかどうかを判断するのは、ポリグラフ検査官の分析力と対話のスキルにかかっている。

ポリグラフのペンがチャートに記録するのは、刺激に対する四種類の生理的反応だ。すなわち二種類の呼吸の波形と、一種類の鼓動の波形、そして皮膚の湿度変化を示す電気皮膚反応の波形である。ポリグラフ検査官は、このチャートに、質問を開始した時点と言い終えた時点、そして被検者が「イエス」または「ノー」の反応を示した時点を正確に記入していく。

ポリグラフ検査が終了すると、検査官はこのチャートを見直して、個々の質問に対する被検者の反応の程度を分析する。明確に定義されたチャート分析ルールに照らして、質問に対する生理的反応が「嘘の疑いあり」という基準に合致すると、検査官はその質問の分野を、さらなる追及が必要な問題分野としてマークする。

そんなお決まりの分析を行っているとき、フィルはあることに気付いた。もし啓示のようなものを彼が得た瞬間があったとすれば、そのときこそ、まさにその瞬間だったろう。フィルは、個々の質問をし始めた時点と言い終えた時点、被検者が質問に答えた時点を綿密にチェックしながらチャートを分析していた。その目的は、質問と、それが引き起こした生理的反応とを関連付けるためだった。フィルは自問した。日常生活で面接を行うときにも、質問のルールのようなものを使うことができるのではないか、ポリグラフ検査の分析のように会話を分析したらどうだろうと。

この問いから、嘘を見抜くためのメソッドが生み出されたのだ。このメソッドのすばらしいところは、そのシンプルさにある。メソッドには、一個の戦略的原則と二個の簡潔な指針しかない。戦略的原則とは「もし誰かが嘘をついているかどうかを知りたければ、真実の行動については、無視して取り扱わないこと」というものだ。この一見逆説的な原則については、次の章で詳しく検討することにする。

この時点では、二つの指針について考えることにしよう。これらの指針は、フィルがポリグラフチャートを分析していたときの、先に述べた啓示のような瞬間に生まれたもので、「タイミング」*と「クラスター（塊《かたまり》）」*を指す。タイミングにしてもクラスターにしても、そのコンセプト自体は行動評価の分野ではことさら目新しいものではないが、ポリグラフチャート分析に基づいて体系化された行動評価にこの二つのコンセプトをあてはめることを思いついたのは、フィルが初めてだった。

前章で、問題は相手が特定の行動を示している理由を推量しなければならなくなることだ、と言ったことを思い出してほしい。「推量」を実際の「分析」にするには、観察された行動が、その反応を引き起こした原因――すなわち質問――に合理的に関連付けられるかどうかを見ることが必要だ。分析とは、まず原因を特定し、その原因から派生した行動を突き止め、それら二つの関連性を調べることだ。タイミングとは、潜在的な嘘つき行為を引き出す刺激となった質問あるいはコメントが発せられた時点からの経過時間のことである。

相手が嘘をついているかどうかを見きわめるには、**刺激が与えられてから五秒間以内に最初の欺瞞《ぎまん》行動**（嘘をついている可能性を示す行動）**が生じるかどうか**を目と耳の両方で捉えなければならない。なぜ三〇秒や六〇秒ではないのかと言うと、人が一分間に話す単語は、平均一二五ワードから一五〇ワードにもなるという速記者のデータを考えてみるといい。そして認知研究では、人の思考速度は、話す速度より一〇倍速いと言われている。つまり、刺激が与えられてから時間が経てば経つほど、脳が別のことを考え始める可能性が高くなるのだ。私たちの経験によると、最初の五秒以内に最初の欺瞞行動を特定することができれば、その行動が刺激に関連して生じたものであるとほぼ結論付けることができる。

今度は、欺瞞行動そのものについて考えてみよう。人間の脳では、常に視覚か聴覚のいずれかが優勢になっていることが多い。つまり、目にしているもののほうに注意が向いて処理しているか、耳にしているもののほうに注意が向いて処理しているかのいずれかなのだ。この事実がもたらす問題点は、前章でコミュニケーションには言葉によるものと、そうでないものとの二種類の方法があると説明したことに関わってくる。つまり、欺瞞行動は、言語、非言語、いずれの形でも現れる。だとすれば、それらの行動を同時に捉えるにはどうすればいいのだろう。

そのカギは、私たちが「Lの二乗モード*」と呼ぶモードをとるように脳を訓練することにある。つまり「見る（Look）」ことと「聞く（Listen）」ことを同時に行わなければならない。脳には、こんなふうに指示することになるだろう。「脳よ、これからの数秒間、私に向かって発せられたコミュニケーションを目と耳の両方で処理しなさい」。脳はそんな命令が気にくわない。あなたの脳は命令に反抗するだろう。しばらくするうちに、脳は「もう、うんざりだ」と言い出して、視覚情報か聴覚情報のどちらか一方しか処理しなくなる。しかし訓練を積めば、刺激を与えてからの数秒間、脳にLの二乗モードをとらせることは可能なのだ。嘘を見抜くのに欠かせない重要な情報を集めて処理することが可能になるだけでなく、一般に目か耳片方を用いる場合に比べずっと多くの情報を手にすることができる。

もう一つの指針は、欺瞞行動が集まったクラスター（塊）に関わるものだ。クラスターの定義は「二つ以上の欺瞞指標（欺瞞の疑いを示すもの）の組み合わせ」というシンプルなものである。とはいえ、この指標は、言葉によるものであることも、言葉以外の行動であることもあるのを思い出してほしい。そのため、クラスターは、それらの組み合わせによってさまざまな形をとる。

では、刺激に対する反応として、欺瞞行動がたった一個しか見つからなかったときは？　その答えは、無視することだ。理由はいくつかある。まず、人は、それぞれ異なる理由でさまざまな行動をとる。口癖や話すパターンも一人一人違うし、しぐさの癖やパターンもそれぞれ異なる。そうした癖やパターンには特別の意味があるわけではなく、ただ単にその人の特徴の一部であるにすぎない。クラスタールール*を適用し、一つのときは無視していけばよい。

もう一つの理由は、読者の方もおそらく直観的に察していることと思うが、私たち著者は、欺瞞行動の数が多ければ多いほど、嘘をついている可能性が高くなることを経験から知っている。最初にお断りしたように、どんな人も人間嘘発見器になることはできない。けれども観察された欺瞞行動の数に比例して確信度が高まることは純然たる事実だ。

さて、この二つの指針を融合してみよう。まず相手に質問し、ただちに〝Lの二乗モード〟に入り、二つ以上の欺瞞行動を含むクラスターを目と耳の両方を駆使して探る。最初の欺瞞行動は、刺激を与えてから五秒以内に生じていなければ嘘を示すものにはならない。クラスターは二つ以上の欺瞞行動が入った塊のことで、刺激を与えてから五秒以内に最初の欺瞞行動が現れ、その次にまた刺激が与えられるまでにもう一つ以上の欺瞞行動が現れた場合に、クラスターとみなす。では、クラスターはどれだけ長くなるのか。政治家のあら探しをしたいわけではないが、彼らの世界では反応がいちいち遅く、長くなりがちである。こう考えると「かなり長いこともある」と言えそうだ。

ここで、図を見ながらクラスタールールについて考えてみよう。後ほど詳しく説明する言語および非言語の欺瞞行動をざっと予習するつもりで見てほしい。この時点では、個々の欺瞞行動は気にする必要はない。言葉によるものとそれ以外のものがあることだけを理解していただければ、それでけっこうだ。

図1は、母親が娘に向かって宿題をすませたかどうかを尋ねた例である。娘の反応は条件を満たしているので、クラスターだと考えることができる。つまり、嘘の指標が二つ以上あり、最初の指標は、質問がなされてから五秒以内に現れている。それどころかこの例では、娘は、母親の質問が

図1　質問「宿題はやったの？」

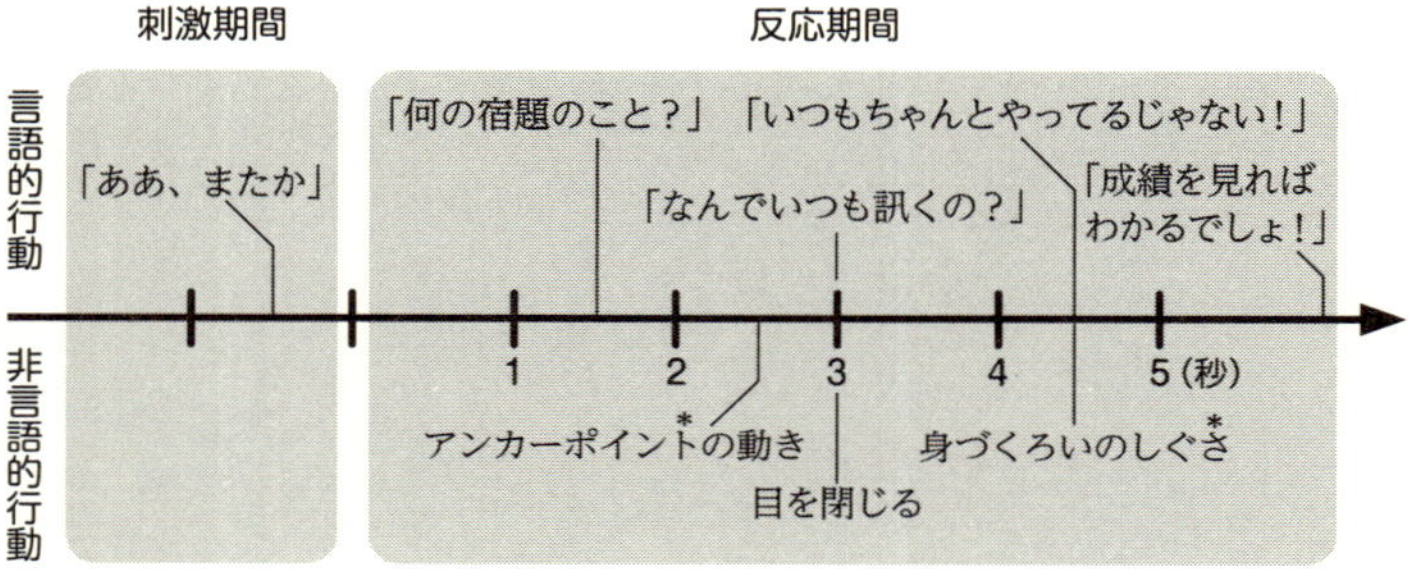

終わってもいない時点で、言葉による欺瞞行動を示している（「何の宿題のこと？」）。これは「質問認識行動」だ。娘は以前にも同じ状況を経験しており、母親が話すより速いスピードで考えている可能性が高い。言いかえれば、娘は質問が終わる前に質問内容を理解しているため、その答えを言葉で返しているのだ。私たちは、こういった行動もクラスターに含めるべき欺瞞行動とみなしてカウントしている。

図2は、もっと深刻なシナリオだ。この例での反応もクラスターと考えられるだろうか？　もちろんそうだ。最初の欺瞞行動（「俺は誰も撃っていない」）は質問がなされてから五秒以内に生じており、さらにもう一つ欺瞞行動がある（〝顔に手をやる〟）。この例における私たちの確信度は、図1の例の場合より低い。欺瞞行動の数と確信度は比例するからだ。とはいえ、この例からわかるように、クラスターに含まれる欺瞞行動の数が少ないからといって、嘘の深刻さが軽いとは限らない。

さて、すべての条件が満たされたとしよう。つまり、質問をし、その反応として欺瞞行動が含まれるクラスターが形成され、最初の欺瞞行動が質問後五秒以内に生じたとする。この情報をもと

図2　質問「あの警察官を殺したのか？」

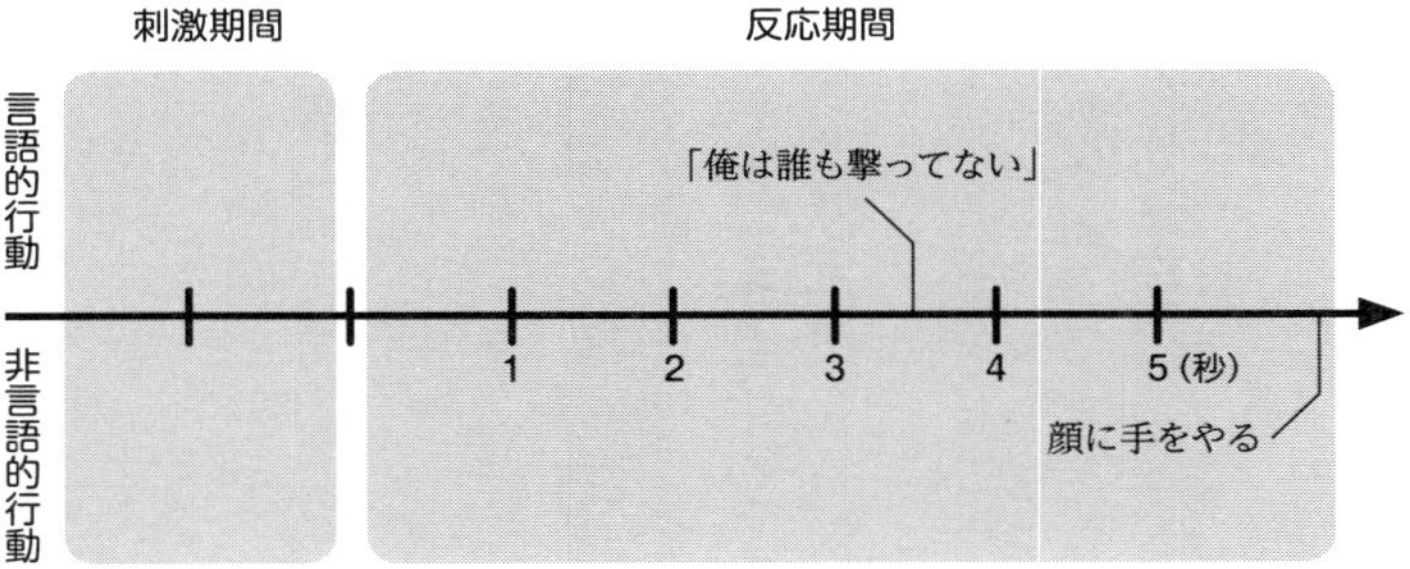

に、相手が嘘をついていると確実に結論付けることができるだろうか？　答えはノーだ。人は嘘発見器にはなれないことを思い出してほしい。結論付けられるのは、欺瞞行動を引き出した質問は潜在的に問題のある分野に関わることであり、さらなる追及が必要になったということだけだ。私たちがこれらの行動を「動かぬ証拠《スモーキング・バレル》」ではなく「指標《インジケーター》」と呼んでいるのもそのためである。

だが、誤解しないでいただきたい。このような指標は非常に貴重な情報を提供してくれるもので、この刺激反応モデルを使って分析を行えば、あなたは〝嘘をスパイする瞬間（spy-the-lie moment）〟を手にし、非常に高い精度で嘘を見抜けるようになるだろう。その理由の一つは、このモデルの応用方法が外科手術に似ているからだ。

外科医は悪性腫瘍を摘出する際、腫瘍を完全に取り除くために、腫瘍の周囲を広くマークして丸ごと切除するようなことはしない。明らかに病変している部位だけを正確に切除して腫瘍を摘出する。他の部位が正常であるからといって、腫瘍を摘出しなくていいわけではない。嘘が悪性腫瘍だとすると、それ以外の正常な部位をそのまま残すためには悪性腫瘍だけを特定できる手術器具が必要になる。つまり、嘘を処置するためには、それを見分けることが必要なのだ。たとえば、次の採用面接の例を見てみよう。この求職者には脚フェティシズムの性癖があった。

採用面接を担当したのはスーザンで、採用先は、機密が求められる政府関係の部署だった。彼女が最後に問いかけたのは、それまでに浮上してこなかった潜在的に問題のある分野を特定するための「網羅的質問《キャッチオール》」*だった（「網羅的質問」の詳しい説明については、第10章をお読みいただきたい。）

「これまで質問してこなかったことで、もしかしたら問題になるかもしれないから、私に伝えておくべきだと思うことがありますか？」

求職者は、居心地悪そうに体の重心を動かして尋ねた。「もしかしたら問題になるかもしれない、とはどういうことですか？」

簡単な質問が理解できないというのは欺瞞があるときに示す行動の一つで、これについては第5章で詳しく説明する。ここで気づいてもらいたいのは、求職者にとって気がかりだった問題が、スーザンがしてきた質問に含まれていなかったということだ。この反応を見たスーザンは、究明すべきことが残されていると気づき、求職者が不安に感じていたことをほどなく突き止めた。彼は夜間、妻の飲み物に睡眠薬をこっそり入れて意識を失わせ、脚フェティシズムを満足させたことが何度もあると白状したのである。一度など、クロロホルムを試してみたことさえあったが、顔に布をかぶせようとしたときに妻が目を覚ましたので、これは失敗に終わったということだった。

一九九六年十一月十六日、ワシントンのダレス国際空港でＦＢＩの捜査官があるＣＩＡ幹部を取り囲んだ。それはさながらスパイ映画の一シーンのように見えたが、そこには監督も音響やライティングの技師、カメラマン、俳優も存在しなかった。アメリカ合衆国にとって不運なことに、現実の出来事だったのだ。ＣＩＡの親しい同僚たちに「ジム」と呼ばれていたこのＣＩＡ幹部、ハロルド・ジェームズ・ニコルソンはその場で逮捕され、ロシア連邦のスパイとして働いていた容疑で告訴されたのである。のちにニコルソンは罪状を認めて二三年と七か月の懲役刑を申し渡され、二重スパイとして有罪になった最高ランクのＣＩＡ幹部という不名誉も手にすることになった。

ニコルソンを「ジム」と呼んでいた同僚の一人はフィルだった。二人が最初に出会ったのは一九八〇年代。ニコルソンが若手のケースオフィサー〔海外で秘密情報の収集・工作活動を行う諜報員〕として海外に派遣されたとき、ＣＩＡ局員として働きはじめてまだ日の浅かったフィルと何度か共に仕事をしたのだ。二人の人生は、一九九〇年代の中ごろにふたたび交錯することになる。フィルが「ファーム」として知られるＣＩＡの特別訓練施設の保安部のトップを務めていたとき、ニコルソンが教官として赴任してきたのだ。その後の二年間、二人は近所に住み、行事で出会ったり、同じ娯楽活動に参加したりした。子どもたちも同じ学校に通い、フィルの息子フィリップとニコルソンの息子ナサニエルは、しばらくの間、同じ車でフットボールの練習に連れて行ってもらっていた。

フィルはニコルソンのことを、愛想のよい外交的な人物として憶えている。とはいえ、逮捕前にＦＢＩからニコルソンの嫌疑について説明を受けたときには、さほど驚きはしなかった。離婚して男手一つで三人の子どもを育てていたニコルソンには、どことなくほかの人と異なるところがあったからだ――当時はそれが何なのかはわからなかったが。一方、息子のナサニエルについては、控えめで内向的だが、驚くほどいい子だという印象を抱いていた。だから、刑務所にいたニコルソンが息子を手先に使って世界中を旅させ、ロシアのハンドラーからの支払いを受け取らせていたというニュースが二〇〇九年に報じられたときは、父親逮捕のニュースより、ずっと大きなショックを受けた。この背信行為でニコルソンには八年間の懲役刑が加算されたが、ナサニエルは父親の立件に協力したおかげで、懲役刑をまぬがれることができた。

ニコルソンがロシアにスパイとしてスカウトされたのは、CIA工作員だったオルドリッジ・エイムズが逮捕されて有罪判決を受けたあとである。エイムズはロシアの二重スパイとして働き、アメリカの情報資産をこれまでのどんな二重スパイより深刻な危機に陥れた人物だ。この一件はCIAを震撼《しんかん》させ、保安と対抗諜報活動におけるトレーニングが実施されることになった。言わば再訓練のようなもので、すべてのCIA局員がトレーニングの受講を義務付けられた。フィルはこの訓練を行う教官に任命され、副教官とともに「ファーム」の全職員の訓練を担当することになったのだが、この副教官の一人が、ニコルソンだったのである。実にファームに勤務していた全期間、彼はロシアの二重スパイを務めていたのだった。

フィルはトレーニングセッションをいつも次の言葉で締めくくった。「万一この中に悪いやつらに協力している者がいたとしても、いずれ必ずつかまると覚悟したまえ」。今日に至ってもフィルはよく思う。ニコルソンはこの言葉をどんな思いで聞いていたのだろうかと。

これらの例からおわかりだろう。人は他人を欺くものなのだ。それを見抜くには、クラスターモデルを積極的に活用することが必要だ。受け身の態度で、あるいは何もしなくても嘘が見抜けるわけではない。このメソッドを知ったからといって突然超能力が身について、嘘が見抜けるようになるわけでもない。フィルは敵側への協力について直接ニコルソンと話したことは一度もなかった。そうした会話をしたことがなく、敵側に協力しているかどうかを問う理由もなかった以上、ニコルソンの嘘は見抜きようがなかった。身近にいて、頻繁に接触していたにもかかわらず。

くり返すと、メソッドを知っていたとしても行動評価モードをとらない限り、相手の嘘を見抜く助けにはならない。言いかえれば、嘘を見抜くためのメソッドは、実際に使用しなければ意味がないのである。

私たちがいったいどのようにこのメソッドを活用しているか、最後に一言付け加えたい。メソッドの威力についてCIA局内で噂が広がりだしたとき、ある幹部がフィルのところにやって来て、効果のほどを自分の目で見てみたいと言った。そこでこの幹部は、ある委託業務の仕事に応募してきた若い男性の面接に同席することになった。フィルは質問を通して問題のある行動を特定し、その質問の分野をより深く探ることによって、多くの情報を引き出していった。ほどなくして、この応募者は、気晴らしのために薬物を摂取しており、大麻とコカインについてはかなり習慣的に使っていると認めた。面接が進むにつれ、彼はときおり麻薬の売人をしている事実も明かした。ほんの数週間前には、コカインを売りさばいて一五〇〇ドルを手にしたという。さらには、地元の小売店から五〇〇ドル相当のステレオセットを盗んだことや、半年前に喧嘩でガールフレンドの鎖骨を折ったことまで口にした。

三〇分間の面接が終わって部屋を去る際、この応募者はフィルに向かって尋ねた。「採用されたかどうかは、いつわかるんですか?」フィルは、信じられないという顔つきをしているCIA幹部に目をやってから、笑みを押し殺して答えた。「二週間はかからないでしょう。連絡しますよ」。

幹部が目の当たりにしたのは、真実を引き出したメソッドの有効性だけではない。メソッドは相手といっさい対立せずに効果を上げていた。誰もけなすことなく、面接官や組織を危険にさらすこともなかった。このメソッドの狙いは、面接の終了時に、こちらが望んでいた情報を提供させておきながら、相手に満足して部屋を去らせることにある。それが可能になる理由は、面接される側が面接官を敵だと感じないからだ。あなたは、ただ相手に正しい行動を促すだけで、被面接者も面目を失わずにすむのである。

●相手に質問をする――→ただちに〝Lの二乗モード〟に入る――→二つ以上の欺瞞行動を含むクラスターを探る。
●「クラスター」とは、刺激(質問)を与えてから五秒以内に最初の欺瞞行動が現れ、次の刺激が与えられるまでにもう一つ以上の欺瞞行動が現れた場合を言う。
●簡単な質問が理解できないのは、欺瞞があるときに示す行動の一つでもある。

The Deception Paradox: Ignoring the Truth in Order to Find the Truth

4 嘘を見抜くうえでのパラドックス

——真実を見つけるために無視する真実

裸が最高の扮装であるように、あからさまな真実ほど嘘を隠せるものはない。

——ウィリアム・コングリーヴ〔英国の劇作家。一六七〇～一七二九〕

フィルがアメリカ有数の厳重な機密を誇る「ファーム」の保安部長を務めていたとき、その機密レベルを維持するのは彼の役目だった。外部からの不正侵入は国家の安全に甚大な影響をもたらしかねないが、その防止は保安部の任務の一部にすぎない。施設内で働くことを任された人々が、ただ一人として託された信頼を裏切らないように図ることも、それと同じくらい重要な任務だ。

とりたてて変わったことのないある日、彼のもとを訪れた女性職員から「財布に入れてあった四〇ドルがなくなりました」という報告を受けたとき、フィルには潜在的に重大な問題を抱えこんでいたことがわかった。もし内部の誰かが本当にその金を盗んだのだとしたら、ほかに何を盗むかわかったものではない。保管されている情報のほぼすべてが機密情報であるような場所で許されないことが一つあるとすれば、それは窃盗だった。

女性職員は、昼食をとりに部屋をあとにしたときに、二〇ドル札が二枚財布から抜き取られたと言った。そして、自分以外に財布を置いておいた部屋に入れた人物はただ一人しかいないとも。ここでは、その人物を「ロナルド」と呼ぶことにしよう。フィルはロナルドをオフィスに呼んだ。姿を見せたロナルドは、保安部長のオフィスに呼びつけられた者なら誰でもそうであるように、いささか緊張しているように見えた。

元来愛想がよく情に厚いフィルは、厳しい態度をとるつもりはなかったものの、深刻な問題について話しあわなければならないことは、まぎれもない事実だった。フィルはロナルドに座るように勧め、すぐさま問題に取りかかった。事務的な率直さで、彼はロナルドに女性職員が報告した件を伝えた。ロナルドは話をじっと聞いていた。フィルが話し終わったあとも、伝えられたことについては何も言わなかった。その代わり、手を伸ばしてフィルの袖をそっと引いたのである。

「ぼくといっしょに駐車場まで行ってくれませんか、フィル」とロナルドは言った。「見せたいものがあるんです」。

ずっと以前から、嫌疑をかけられた人が言ったりやったりすることに驚かなくなっていたフィルにも、ロナルドがしようとしていることは奇妙に思えた。

「何を見せたいんだね、ロナルド?」

「ぼくといっしょに行ってください。そうすればわかりますから」とロナルドは答えた。

フィルには、オフィスから出るつもりはなかった。ロナルドはなんとかフィルを説得しようとしたが、どうみても無理そうだ。彼はようやくあきらめて、何を見せたかったかをフィルに告げた。

「ぼくの車のトランクを見てもらいたかったんです。聖書が詰まっているので。ぼくは毎週教会に代わって、必要とあればどこにでも聖書を届けているんです」

聖書であふれかえっているトランクの話が真実であることをフィルは疑わなかった。だが彼は、嘘をついている者は、自分をとがめる者を説得するために、真実の話、それも自分を好人物に見せるような話をする可能性があることも承知していた。この状況は「説得対伝達《コンヴィンス コンヴェイ》」と呼ばれる。つまり、問題に関する事実を伝える代わりに、自分はとがめられているようなことをする人物ではない、と相手を説得しようとするのだ。

フィルはこういった反応を、山のように見たり聞いたりしてきていた。ロナルドのケースでも、警告の赤旗はこれ以上ないほどはっきりと振られていた。もし真実がロナルドの側にあったら——もし真実が彼の味方だったとしたら——彼は女性職員の四〇ドルを盗んだりはしていないと主張していただろう。そして、彼が口にするすべてのことは、その事実に向けられていたはずだ。フィルには、金を盗んだ真犯人を突き止めるためには、聖書に関するロナルドの真実の話を無視しなければならないことがわかっていた。穏やかに、だが断固として、フィルは質問を続けた。その結果、一〇分も経たないうちに、ロナルドは盗みを認めたのだった。

＊　＊　＊

ちょうどその頃——ＣＩＡに入局する前のマイケルがポリグラフのエキスパートとして働いていたとき——マイケルは有名大学に通う男子学生のポリグラフ検査を依頼された。ここで「アニル」

と呼ぶことにするこの学生は、かなりユニークな人物だった。東南アジアからアメリカに移住してきた中年男性で、すでに機械工学の学士号を取得していたのだが、医学校への進学を希望しており、進学資格を得るためにアメリカの大学で生物学の授業をとっていた。

エンジニアとしては優秀だったが、アニルは生物学の授業の中間試験に二度失敗していた。どちらも非常に悪い成績だったため、どうしても最終試験で高得点を上げることが必要だった。しかし彼は最終試験を欠席し、その数週間あとに行われた追試を受ける一握りの学生の一人になった。そして平均点が二〇〇点満点の九九点のところ、なんと一八四点もの高得点をあげたのである。

アニルの得点は大学側の注意をひくところとなった。というのは、追試が行われる前に、誰かがウェブに最終試験の解答を投稿していたことが判明したからだ。落第しかけていた学生が最終試験で目をみはるような成績を上げたとすれば、何か理由があってしかるべきである。こうしてアニルは、不正行為を行ったとして公に非難されることになった。

突然、社会的不名誉が身に降りかかってきただけでなく、この汚点は医学校へ進学する望みを打ち砕きかねない。アニルはかたくなに嫌疑を否定し、弁護士を雇って身の潔白を証明しようとした。アニルの無実を信じた弁護士は、ポリグラフ検査によってアニルが真実を述べていることを証明しようと思い立ち、マイケルに検査を依頼してきたのである。

アニルが検査を受けにやって来たとき、彼が大きな写真アルバムのようなものを抱えていることにマイケルは気づいた。丁寧なあいさつのあと、腰をかけるやいなや、アニルは会話をアルバムに導いた。そしてそれを開き、母国で撮った数多くの美しい写真を見せはじめた。

「これが自宅です」華麗な宮殿のような建物を指さして、アニルは言った。「雑誌にも取り上げられたんです」マイケルは熱心に写真に見入り、その美しさについて礼儀正しくコメントした。アニルがページをめくり、さまざまな要人とともに写っている写真を指さしたときも、楽しんでいるかのように頷いてみせた。要人の名を次々と挙げていくアニルには、マイケルが何を考えていたかは、まったくわからなかっただろう。マイケルは、こう考えていたのだ。〝アニルの弁護士は、ぼくの話を聞いて、さぞかしがっかりするにちがいない〟。

ポリグラフ検査の前に無理やり写真を見せたアニルは、ロナルドがフィルにトランクいっぱいの聖書の話をしたときとまったく同じことをマイケルに伝えていた。〝私は不正をおかしたが、私が正しい人物にみえるものを見てもらえば、私のような人がそんなことをするはずがないと思ってもらえるだろう〟。

マイケルには、この写真の件と、ポリグラフ検査の前の聞き取りでアニルが見せた行動（次の章で詳しく説明する）を通して、アニルが嘘をついていることをすでに確信していた。とはいえ、弁護士との約束を果たすために、ポリグラフ検査は行わなければならなかった。案の定アニルは、生物学の中間試験をさらに下回る成績で、ポリグラフ検査に不合格になったのだった。

ここで理解していただきたいのは、相手が嘘をついていると思われる場合、真実の行動は、それを無視しなければならないという鉄則だ。こう言うとほとんどの人が変だと感じるだろうし、まったくのナンセンスに思える人も少なくないだろう。だが、これこそが、このメソッドの根幹をなす原則なのだ。そしてそれにはもっともな理由がある。

仮にフィルが、地域の人々の精神的な幸せに献身するような人を尊敬していたとしよう。そして、真実ではあるが問題となっていることに直接関係のない行動は無視する、という姿勢を身につけていなかったら、トランクいっぱいの聖書というロナルドの話に感銘を受けてしまったかもしれない。同様に、マイケルが東南アジア文化の熱烈なファンで、自らの文化遺産にプライドを抱く人に並々ならぬ敬意を払っていたとしたら、アルバムの写真を見せたいというアニルの望みはマイケルが抱く彼の印象に影響を与え、テストで不正を働いた事実だけでなく、不正などしていないという嘘まで見逃してしまったかもしれない。

相手の真実の行動を無視すれば自分のバイアスがコントロールできるため、嘘を見抜くという肝心な作業を行う際に、そういった行動のことを一切考えないですむようになる。さらには、相手の誠実さについて判断をくだすために処理しなければならないデータの量も削減される——それもしばしば大幅に。無関係な情報を除去すればするほど、欺瞞行動を見つけるのは容易になるのだ。

気をつけなければならないのは、嘘をついている人も、真実を示して説得しようとするという事実だ。真実の反応は質問されてすぐに起こるが、一般的に言って、嘘をついている人も、本人が準備していればなおのこと、質問に対してすらすらと答えることができる。同じように、真実を語っている人は通常頭がはっきりしていて落ち着いており、質問に注意深く耳を傾ける。しかし、嘘をついている人も同じ行動を示すことはできる。その解決策は簡単だ——無視しよう。あなたをだます武器として、そういった真実の行動が使われる危険性は、あまりにも高いのだから。

4

嘘を見抜くうえでのパラドックス——真実を見つけるために無視する真実

- 嘘をついている者は、自分をとがめる者を説得するために、真実の話、それも自分を好人物に見せるような話をすることがある。
- 無関係な情報を除去すればするほど、欺瞞行動を見つけるのは容易になる。

5 人はどのように嘘をつくのか——言葉

人の話は完璧に聴きとろう。
たいていの人は、じっくり聴くことなどしていない。

——アーネスト・ヘミングウェイ
［アメリカの作家。一八九九〜一九六一］

テレビでアメリカの法廷ドラマを観たことがある方なら、証人が証言台に立つときに求められる宣誓をご存じだろう。それは「真実を述べること、真実をすべて述べること、真実だけを述べることを神かけて厳粛に誓いますか？」というものだ。けれども、たった二〇語の英単語からなるこの宣誓文がいかに優れたものであるかについては考えてみたことがないかもしれない。その優秀さは、必要なことをすべて網羅している点にある。すでに述べられた嘘も、これから述べられるかもしれない嘘も、次の三つのカテゴリー——嘘をつく人から見れば〝三つの戦略〟——のいずれかに含まれる。すなわち、「ストレートな嘘*」「省略による嘘*」、そして「影響を与えて隠す嘘*」というカテゴリーだ。宣誓文は、この三種類の嘘をすべてカバーしているのである。

宣誓文の「真実を述べること」がカバーするのは、「ストレートな嘘*」だ。これは、単なる厚かましい嘘のことである。二〇〇九年に、サウスカロライナ州の知事だったマーク・サンフォードが五日間にわたって行方不明になった。その後姿を現した知事は、アメリカ国内のアパラチア山脈をハイキングしていたと釈明したが、実際には、アルゼンチンに出かけて、愛人のスカートをたくし上げていたのだった。この嘘はストレートな嘘、つまり込み入った術策などを伴わない単なる嘘である。

宣誓文の「真実をすべて述べること」は、「省略による嘘*」をカバーする。この場合の嘘とは、その人が言ったことにあるのではなく、言わなかったことにある。そして、ストレートな嘘よりずっとつきやすいことが多い。たとえば、愛人の件はともかくとして、サンフォードにはアルゼンチンに出かける正当な理由があったとしよう。彼がアルゼンチンには公用で出かけたと言い、愛人との〝私用〟の件には触れなかったとすれば、それは省略による嘘になる。

宣誓文の「真実だけを述べること」の部分は、「影響を与えて隠す嘘*」をカバーしている。この嘘については、次の章で詳しく説明させていただきたい。というのも、この嘘は非常に強力で、エキスパートでなければ気づかないことが往々にしてあるからだ。嘘が成功するのは、自分に対する相手の印象を操作した結果、それが目前の問題の解釈に影響を与えたためであることが少なくない。たとえば、アルゼンチンに愛人がいるのではないかと問い詰められたときに、サンフォードがこう言ったとしよう。「私は二〇年もの間幸せな結婚生活を送ってきています。それに善き父親です」。この場合の欺瞞とは、問題と関係ない真実の情報を伝えることではなく、自分に対する相手の印象に影響を与えようとする行為にある。

言葉による嘘の根底には以上三つの要素が存在している。このような行為を特定するため、私たちはそれぞれのキャリアを通して努力を続けてきた。それらは長年嘘を見破ってきたノウハウを調べて得られたものもあるが、むしろうまくいかなかったり、失敗しかけたことがよい成果につながったケースもある。フィルは早い時点で、後者のケースを体験することになった。

いまではノースカロライナ州で警察官をしているフィルの息子クリスは、小学生だったとき、しょっちゅう宿題をさぼっていた。ある日クリスが帰宅すると、思いがけず、その日休みをとっていた父親に出くわしてしまった。フィルは間髪を入れずに急所を突いた。

「クリス、宿題は?」

「きょうは、いつもの先生がお休みで、代わりの先生だったんだ」。クリスは、こう返事をして、すぐに二階に上がった。

「ああ、そうか」。フィルはそう言うと、観ていたテレビ番組に戻った。でも、その数分後に気づいたのである。嘘を見破るのが遅すぎる! 彼の脳裏では「九歳児、CIAの尋問官を出し抜く」というヘッドラインが点滅していた。フィルはクリスを階下に呼び戻した。

「クリス、宿題はどのぐらいあるんだい?」フィルはこう訊いた。

しばらくそわそわと足を動かした後、ようやくクリスは答えた。「いっぱい」

「どうして、いっぱいあるんだね?」フィルはさらに追及した。

「だって、代わりの先生だったからだよ。先生、ずーっとドリルばっかりやらせるんだ。授業で終わらなかった分が宿題になったんだよ」

フィルは勢いづいて言った。「で、おまえにも宿題があるのかい？」

「うん、だいぶ」クリスは白状した。

「よし。じゃあ、上に行って宿題を片付けなさい」

人が嘘をつくやり方に関する考えがフィルの頭の中ではっきり形をとりはじめたのは、そのときだった。人は嘘をついているとき、相手を説得するために、なんらかの話をする必要にかられる。その際もっとも有効なのは、真実あるいは反論の余地のない話をすることだ。この例では、宿題があるのかとフィルに最初に尋ねられたときのクリスの答えは完璧な真実だった。クリスを信じたいと思うフィルの気持ちがその言葉に影響を受けてしまったのである。それに何と言っても、代用教員が授業を担当する日は、何もしなくていい天国みたいな日だったという経験は誰にでもあるだろう。


この例はまた、ほとんどの人は厚かましい嘘を口にしたがらないという事実も示している。クリスにとって「ちがうよ。きょうは宿題ないよ」とあからさまな嘘をつくのは難しい。そのため、「ストレートな嘘」をつくのではなく、「省略による嘘」をつくことによって、ぎこちない思いをするのを避けたのだ。

スーザンの家庭では、息子のニックが、彼女の親としての嘘を見抜くスキルを磨く試金石になった。思春期直前の子どもの多くにたがわず、ニックもまた、シャワーと歯磨きは時間の無駄だと信じていた。さらには、いつもそれについて嘘をついていた。スーザンが、歯を磨いたか、シャワーを浴びたかと訊くと、ニックは常に「やった」と答えていた。しかし、ほとんどの母親と同じように、スーザンもその点については一枚上手だった。それにたとえ息子の嘘を見抜けなかったとしても、ニックの体と口から放たれる匂いが真実を露呈していただろう。

ニックはいつも、スーザンの鋭い知覚に戸惑っていた。「すごくうまくごまかしたのに、いったいなんでばれるんだろう？」と考えたにちがいない。ついに好奇心に負けたニックは、スーザンに直接尋ねてみた。歯を磨いていないことや、シャワーを浴びる代わりに頭を濡らしただけなのが、どうしてわかるのかと。

「それを仕事にしているからよ」というのがスーザンの答えだった。ニックはあきらめ顔でつぶやいた。「仕事を変えてほしいな」。

多くの親、とりわけ母親は、子どもがしていることを見抜く天賦《てんぷ》の才、もしくは本能をそなえていると信じている。実際、母親にはそんな能力がある。子どもの行動パターンが逸脱すると、あっけなく〝母親の触覚〟にひっかかり、あっさり見抜かれてしまう。それでも、嘘発見メソッドを構成する行動分析ツールが手にできたら、どれほど好都合だろう。宿題、歯磨き、シャワーといった無害なことなら直観に頼っても構わないだろう。けれども、ドラッグ、セックス、いじめや虐待といった深刻な問題に関わる場合には、直観をたよりに行動するのは最善の選択肢とは言えない。

それでは、嘘をついているときに人が見せる、言葉による欺瞞行動について、さらに詳しく見ていくことにしよう。

質問をしたときに、相手が答えられなかったとしたら、何か理由があるはずだ。可能性のある理由の一つは、嘘をついているために、どうやって状況を切り抜けようかと頭をめぐらしているというものである。では、こちらが質問したことに相手が直接答えなかったときには、すぐさま相手が嘘をついていると結論づけるべきだろうか？　その答えは、絶対にノーだ。いつでも〝クラスタールール〟を思い出そう。嘘をついていると結論づけるには、たった一個の行動では足りない。ほかの理由で答えられなかったのかもしれないからだ。言いたいことがうまく言えない人と話をした経験が、あなたにもあるだろう。それに、相手がこちらの質問をきちんと理解できなかった場合もあるだろうし、質問を勘違いしている可能性もある。

質問に答えられない*

否定できない*

これは質問に答えられないことと密接に関連している。こちらがした質問の中に、相手の不正行為や、それがもたらした結果が含まれているときに、明白に否定しないという行動をとる。この行動がどう現れるか、具体例で見てみよう。

二〇〇四年六月二五日、当時副大統領だったディック・チェイニーは、〈フォックス・ニュース〉のキャスター、ニール・カヴートのインタビューに応じた。その際カヴートは、チェイニー副大統領が上院内で、パトリック・リーヒー上院議員と最近交わしたやりとりについて質問した。チェイニーが「F」で始まる卑猥な言葉を使ったという複数の報道があったからである。しかし、当時上院議会は開かれておらず、チェイニーは、「F爆弾」を投下したかどうかについて、コメントを避けていたのだった。それでは、実際のインタビューを書き起こしたものを見てみよう。

カヴート さて副大統領、伺いたい件が、というより本当のところを知りたい件がいくつかあります。その一つは、先日、バーモント州選出のパトリック・リーヒー上院議員との間で勃発した例の一件です。いったい何が起きたのですか？

チェイニー そうですね、私たちは……アメリカ上院議会でのちょっとした意見交換です。

カヴート 単なる意見交換以上のものだったと聞いていますが。

チェイニー それについては——意見をかなり強く伝えたのです。そのあと、すっきりしました。

カヴート そうですか。では、あなたは「F」言葉を使いましたか？

チェイニー そういったものは、ふつう私が使う言葉ではありません。

カヴート わかりました。というのは、あなたがその言葉を使ったという複数の報告があったのです。

チェイニー ええ、そういったものは、ふだん私が使う言葉ではありません。しかし……

カヴート 彼に何を話したのですか？

チェイニー リーヒー上院議員に対する不満を伝えました。

カヴート あなたとハリバートン社との関係について彼がコメントしたことについてですか？

〔チェイニー副大統領は、米油田サービス企業〈ハリバートン〉社の最高経営責任者だった。〕

チェイニー いいえ。一部はそのことについてですが。一部は……それに加えて、何についてだったかと言うと……彼は、そういったことを非難しておきながら、親友みたいな顔をして近づいてくるような人なんです。だから私は言ってやったんです。はっきりと。彼の……彼の行為について私がどう思っているかを。そしてその場を立ち去りました。

ここで、チェイニーの発言から何を導き出すべきかを検討するために、ちょっと立ち止まろう。チェイニーは、卑猥な言葉を使ったのではないかというカヴートの単なる示唆を却下しているように受け取れる。そのため、カヴートはチェイニーの言葉を、はっきりとは示されなかった否定と解釈して先に進むことも容易にできたはずだが、幸いなことに彼は追及の手を緩めなかった。

カヴート　あなたは彼を侮辱しましたか？
チェイニー　おそらく。
カヴート　そのことを後悔していますか？
チェイニー　いいえ。私は言いました。そして感じたんです――（ここでカヴートが話を遮る）。

これで明らかになった。もしチェイニーが本当に「F」言葉を使っていなかったら、おそらく、カヴートがその問題について触れたとたんに、事実をはっきりと告げただろう。しかしチェイニーは、そういった言葉は「ふつう」あるいは「ふだん」自分が使う言葉ではないと言って、カヴートの質問に答えるのを避けた。否定する絶好のチャンスを与えられたにもかかわらず、そうできなかったのである。その三回あとの質問で、チェイニーは、「おそらく」リーヒーを侮辱したと認め（これは「隠したい情報を省くための修飾語句*」と呼ばれるもので、のちほど詳しく説明する）、その次の質問への答えで、「私は言いました」と認めている。

このように、「否定できない」行動の最初のタイプは、否定することがまったくできないケースだ。質問に答えられないのではなく、どんなたぐいの否定もまったくできないのである。たとえば、イエスかノーの答えを求める質問（「あなたがやったのですか？」など）をしたときに、「私ではありません」や「私はやっていません」といった否定が返ってこなかった場合は、何かあると考えられる。真実が不都合なものであるときには、より伝えやすい情報を口にしたいという心理作用が働くものなのだ。

否定に関する問題には、ほかにもいくつかタイプがある。

●漠然とした否定　問題になっている件に関する端的な否定でなく、もっと漠然とした広い意味について否定する場合（「何もやっていない」「そういったたぐいのことは絶対にやらない」など）も、嘘をついている可能性がある。これは、とても微妙なニュアンスの行動だが、人が「何もしていない」と言うとき、そこには「私はそれをやっていない」という厚かましい嘘をつかずに苦境を脱しようとする心理作用が働いている。これは、訓練されていない耳には見逃されやすいニュアンスだ。

●長い答えに埋め込まれた否定　不正行為に関る質問に対して否定してはいるが、前後の説明が長く入り組んでいる場合は、これも問題ありである。答えのなかで否定に関する部分の割合が比較的低い場合は、よくない兆候だ。そんなときは嘘かもしれないと考えてみよう。

返答をしぶる、または拒否する*

ときおり、何かを尋ねたときに、「私はその質問に答える適任者ではないと思います」などという答えが返ってくることがある。場合によっては「その質問に答える適任者」になりたくない、というのがその理由なのかもしれない。これは簡単な言い逃れ術だ。あるいは「まいりましたね、そんな質問には答えられるかどうかわかりませんよ」などと言って答えをしぶる場合もある。もちろん、正当な理由があってこうした反応を示す場合もあるため、〝クラスタールール〟を忠実に守ることが必要だ。

質問をオウム返しにする*

人を欺こうとする人は、なぜ質問をくり返すのだろうか。私たちはその行為を時間稼ぎだと考えているし、究極的な目的もそこにあると思われる。しかし行動心理学者によると、質問のくり返しは、おそらく非常にぎこちない思いをさせられる沈黙を埋めようとする行為だと言う。質問されたときに沈黙してしまうのは、世界のほぼどこでも嘘をついていることを示す行為とみなされる。そのため、うつろな顔をして黙って座っているよりも、考える時間を稼ごうとして質問をオウム返しにするわけだ。質問をくり返すにはおそらく二、三秒しかかからないだろうが、簡単な計算をしてみると面白いことがわかる。つまり、考える速さは話す速さより一〇倍速いとすると、質問をくり返す間に、質問への良い反応だと思われる二、三〇秒分の答えを頭の中でひねり出すことができるのだ。しかしここでも、クラスタールールを思い出すことが重要だ。なぜなら、質問をオウム返しにする正当な状況というものも確かに存在するからである。質問がよく聞き取れなかったのかもしれないし、ちゃんと理解できたかどうか確認したい場合もあるだろう。また、単なる癖のこともある。

答えではない発言*をする

答えではない発言をする心理は、質問をオウム返しにすることによく似ている。つまり、ぎこちない沈黙を避けることと、どう反応すべきか考える時間を稼ぐためだ。具体的には、「それはいい質問ですね」とか「よくぞ訊いてくれました」などという、答えになっていない発言である。ときおり、こういった発言が有益な情報をもたらしてくれることがある。「そう訊かれると思いましたよ」というような発言を耳にすることがよくあるが、そのような場合は、こちらがした特定の質問に対して、なぜその発言がなされたのかを考えてみるといい。もしかしたらその人は、心の中で考えていることや、不安に思っていることを、うっかり漏らしてしまったのかもしれない。

答えではない発言の例

「それはいい質問ですね」
「よくぞ訊いてくれました」
「そう訊かれると思いましたよ」
「そう心配されるのは当然です」

首尾一貫しない発言*をする

「記憶力のよろしくない人は決して嘘つきという商売に手を染めてはならない、ということが言われるのにはしかるべき理由がある」と述べたのは、ミケル・ド・モンテーニュ〔フランスの人文主義者。一五三三〜一五九二〕だ。彼には、嘘をついているときに話を首尾一貫したものにするのは、とても厄介であることがよくわかっていた。あなたが関心を抱いていることについて相手が何かを述べたあと、それに矛盾することを言って、話が変わった理由を説明できないとしたら問題ありである。

合衆国上院議員の元候補でティー・パーティー運動活動員のクリスティン・オドネルが、CNNのトーク番組〈ピアース・モーガン・トゥナイト〉に出演したのは、二〇一一年八月一七日のことだった。彼女はこの番組で、著書『トラブルメーカー——アメリカをふたたび偉大にするために必要なことをすべてやろう（*Troublemaker: Let's Do What It Takes to Make America Great Again*）』を宣伝しようとした。しかし最終的に、番組が終わる前にスタジオから去らねばならないはめに陥ったのである。というのは、彼女が話したかったのは自著の一部分だけだったのだが、番組ホストのモーガンが、その部分以外についても質問するのをやめなかったからだ。そのときのやりとりの一部を紹介しよう。

モーガン　では、あなたは〈問わない代わりに自分からも言うな《ドーント・アスク・ドーント・テル》政策〉〔米軍が一九九四年に採用した同性愛者に関する政策〕を復権させるべきだと言うミシェル・バックマン〔ミネソタ州選出の元上院議員で反同性愛者の立場をとった〕に同意するんですか？　この政策をふたたびとるべきだと？

オドネル　（笑って）私は政策について話しているわけではないわ。選挙に出馬しているんじゃないのよ。ミシェル・バックマンに直接訊けばいいでしょ。出馬している候補者たちに直接訊けばいいんだわ。

モーガン　なぜこの件について、そんなにおかしな態度をとるんです？

オドネル　この件についておかしな態度なんてとってないわよ、ピアース。私は選挙に出馬しているんじゃないし、立法議案を促進しようとしているわけでもない。私は、この本に書いた政策を促進しようとしてるの。そのほとんどは、財政に関することと憲法に関することよ。

たった二回の返答の間に、オドネルは「私は政策について話しているわけではないわ。選挙に出馬しているんじゃないのよ」と言っておきながら「私は、この本に書いた政策を促進しようとしてるの。そのほとんどは財政に関することと、憲法に関することよ」と話を変えている。明らかに、この矛盾する二つの発言を両立させることができず、自分をがんじがらめにしてしまった網から抜けるには、その場から立ち去るしかなかったのだ。首尾一貫しない発言への対策については、第11章を参照していただきたい。

このインタビューは、次の欺瞞指標である攻撃的行動*を詳しく見ていく第7章で、ふたたび取り上げることにしよう。

攻撃モードをとる

嘘をついている者は、窮地に追い込まれると、厳しいストレスにさらされて、攻撃モードをとることがある。攻撃モードは、質問者の信憑性や能力を疑問視するような問いを突きつけるという形で現れるかもしれない。たとえば「君には、この仕事の経験がどれだけあるのかね」「いったい、われわれの組織について何を知っているのかね」「なんで、こんなことで時間を浪費しなければならないんだ」などと糾弾してくることがあるだろう。こういった問いによって攻撃をしかけてくる者は、あなたに自分が正しいことをしているのかどうかと疑わせて、尻込みさせようとしているのだ。子どもたちも、親に問い詰められると、このモードに訴えることがよくある。「なんでいつもわたしのあら探しをするの?」とか「どうして信じてくれないの?」といったような問いも、このカテゴリーに含まれる。

不適切な質問をする*

質問に質問で答えることを嘘の合図だとみなす学派もあるが、私たちは、必ずしもそうではないと考えている。それより気にかかるのは、質問への反応として、こちらがした質問に直接関係のない問いを返してくるときだ。

フィルは、ノートパソコンの紛失に関わる調査を手がけたときのことを思い出す。彼は、パソコンが盗まれた部屋に自由に出入りできた複数の者に聴き取りを行い、一人ひとりに「ノートパソコンが見つかったときに、あなたの指紋が検出される可能性がありますか?」と尋ねた。その答えとして、何人かの者は、「誰のパソコンだったんですか?」とか「どのオフィスにあったんですか?」というような問いを返してきた。これらは、完全に理にかなった適切な質問だ。だが、一人の若い男性の問いは、「パソコンの値段はいくらだったんですか?」というものだった。この問いは、もともとの質問とはまったく関係がないものだが、訊いた本人にとっては、何らかの意味があったのだろう。もしかしたら、つかまったときに軽犯罪になるのか重犯罪になるのかを予測するために、値段を知ろうとしたのかもしれない。

相手を欺こうとしている人は、二つのやり方で過度に詳しい返事をすることがある。この二つはまさに正反対だ。一つのやり方は、質問に対して、過度に厳密あるいは限定的な答えを返すことだ。ある最高経営責任者《CEO》に対する取材を分析したときのことを思い出す。四半期の売上について尋ねられたこのCEOは、「よくぞ訊いてくれました。当社の国内販売高は予想を上回っています」と答えた。しかし実のところ、同社の収益に国内売上高が占める割合は、わずか一〇パーセントにすぎなかったのである。その三週間後に決算を発表した際、同社の業績はその前の四半期を大きく下回っていた。国外での販売高が激減したためだった。

さらには、一九九二年に、当時州知事だったビル・クリントンに対してスティーヴ・クロフトが〈60ミニッツ〉で行った有名なインタビューがある。「(ジェニファー・フラワーズは) 彼女が言うところの、あなたとの〝一二年間におよぶ情事〟をゴシップ週刊誌で暴露し、事実だと主張していますが」とクロフトが尋ねたとき、クリントンは「その主張は嘘です」と答えた。厳密には、クリントンの答えは正しかった。なぜなら、フラワーズによると、情事が続いた期間は一一年半だったからだ。

過度に詳しい返事をする*

反応の範囲を狭めることによって過度に詳しい答えを提供することがある一方で、質問に対して詳細な情報を山のように伝えることにより、過度に詳しい答えを返す場合もある。なぜそんなことをするのだろうか？　自分に対する印象を操作しようとする「いい人と思わせて隠す嘘」の戦略を思い出してほしい。この戦略では、いい印象を与えるために、訊かれたよりもずっと多くの情報を提供するという形をとる。フィルがCIAで内部保安任務を担当していたとき、彼は部下のすべての調査官に対し、局員に面接を行う際には「CIAでは何をしていますか？　あなたの職務は何ですか？」という質問をするように指示した。もちろん、調査官がそういった情報を持たずに面接を行うはずはない。真の目的は、面接を受ける人をいわばテストすることにあった。私たちが見出したのは、嘘をついていない人は、「私はケースオフィサーです」とか「分析官です」などというように簡潔に職名を答えることが多いが、嘘をついている人は、仕事の内容をつぶさに伝える傾向があるということだった。そうすることによって、調査官の印象を操作しようとしていたのだ。興味深いことに、彼らが話した内容はすべて真実だった。しかしその目的は、自分をいい人に見せることにあったのである。

不適切なレベルの礼儀正しさ*を示す

もちろんただ感じがいいというだけで、その人を疑うようなことはしない。けれども、こちらがした質問に対して、相手が突然、ものすごく感じが良くなったとしたら、問題ありである。面接中にまったく使っていなかったのに、特定の質問に対してだけ「はい《イエス》、先生《サー》」というような言葉を付け加えたりするかもしれないし、「ところで、いいネクタイですね」などと、返事の中にお世辞をひそませるかもしれない。ここで重要なのは、誰かに対して好意を抱けば抱くほど、その人を信じる度合いが高くなり、対立を避けようとする気持ちが強くなるという事実だ。こちらを欺こうとしている人は、礼儀正しさを利用して、好感を高めようとしているのだ。

不適切な（軽すぎる）懸念のレベル*を示す

事実が不都合なものであるとき、嘘をつく人はなんとかして自分が掘った墓穴から抜け出そうとする。この状態にいる人には使える手段がほとんどないため、問題の重要性を薄める戦略に訴えることがある。典型的には、問題自体や質問のプロセスを取り上げて「なんでそんなに大騒ぎするんですか」とか「どうしてみんなそんなことを心配しているんですかね」などという質問をして、質問者と自分の立場を対等のものにしようとする。場合によっては、問題を茶化そうとすることさえあるが、これはとりわけ不適切で目立つ行動だ。

聞き取りのプロセスや手順に不満を示す*

攻撃モードをとるまでには至らなくても、聞き取りのやり方を問題にすることにより、防御ではなく攻撃的な方策に訴える場合がある。たとえば「なんで私に訊くんだ」とか「あとどれぐらいかかるんだね」といった問いは、このカテゴリーに含まれる。こうした問いは、質問をオウム返しにしたり、答えではない発言をするといった方策に類似した時間稼ぎである場合もあるし、質問の方向を変えることをもくろんで使われる場合もある。

簡単な質問の理解に困難をきたす*

質問するときには、質問の範囲や重要度を定義するために特定の語句や言い回しを使うことがよくあるが、こういった質問をされて抜き差しならない状況に陥った相手は、質問の言い回しや用語を変えさせようとする戦略に出ることがある。その目的は、質問の範囲や程度を縮小してなんとか切り抜ける余地を手にし、自分に不利にならずに相手をも満足させる形で質問の答えを出すことにある。おそらくこの戦術を駆使したもっとも有名な例は、ビル・クリントン元大統領が、モニカ・ルインスキーとの不倫騒動をめぐる一件で、一九九七年八月に独立検察官に対して行った供述だろう。審理中、クリントン元大統領の弁護人によって以前述べられた発言に言及する場面があった。弁護人による以前の発言とは、「弁護側では、クリントン大統領との間にはいかなる形の性的行為についても一切ないという宣誓供述書をミス・ルインスキーがすでに提出したことを充分に承知しており、その控えも保有しています」というものだった。クリントンは、このルインスキーの供述が偽証であったかどうかを問われ、次の有名な答弁をした。「それは、〝ない〟という言葉が意味する内容によります。もし〝ない〟という言葉が〝いままでに一度もなかった〟ことを指すのであれば、それは別の話ですが、それが〝現在はない〟ことを指すのであれば完璧に正しい供述です」。元大統領は、問題になっている供述の重大さに身動きがとれなくなり、嘘の答えを返さないですむようにするため、質問の範囲を狭めて答えることを余儀なくされたのだった。

別の発言や行為を引き合いに出す*

嘘をついている人は、質問に、「すでに答えた」と言うことがある。たとえば「それについては、私は前に×××と言いましたが、それが答えになっていると思います」とか「この前、それを訊いてきた人に言ったように……」「当社の申し立てのなかで何度も申し上げていますように……」などと言うのがその例だ。

その目的は、自らの信憑性《しんぴょうせい》を高めることにある。これは微妙なニュアンスの戦術だが、大方の人が思っているより効果は絶大だ。真実を述べていると相手を納得させるまでには至らないとしても、反復は、そうしなかったときに比べて、自分に信憑性があるという可能性に相手の心をより開かせる心理的ツールなのである。

たとえば、辺ぴな場所にある、何の変哲もないレストランに友人と来ていて、その友人が化粧室に行ったとしよう。戻ってきたときの彼女は、びっくりした顔つきをしている。

「とても信じてもらえないだろうけど、となりの部屋に、ものすごいセレブが揃ってるのよ！」

彼女はこう言って、すごい名前を挙げはじめる。ジョニー・デップ、ゴードン・ラムゼイ、ジェイミー・フォックス、マット・デイモン、マシュー・マコノヒー、デイビッド・ベッカム、レオナルド・デカプリオ、ブラッド・ピット、クリスチャン・ベール、デンゼル・ワシントン、ジョージ・クルーニー、ライアン・レイノルズ、ヒュー・ジャックマン、スティーブン・タイラー、ウィル・スミス、ピアース・ブロスナン……。

「ああ、そう」とあなたは言う。

「ほんとにそうなのよ！」友人は言い張る。「ほんとにいるんだってば！ちゃんとこの目で見たんだから！」

彼女が白昼夢を見ているのか、頭が

すでに話したことや過去にしたことを引き合いに出す例

「この前お話ししたときに申し上げましたように」
「弊社の報告書でご説明しましたように」
「この前、それを訊いてきた人に話したように……」

どうかしてしまったのかはわからない。けれども、となりの部屋にそういったセレブがいるなんてことが絶対にないことは確かだ。あなたは友人に、飲みすぎたんじゃないの、と言う。

「ちがうってば」と彼女は言い張る。「本当にいるのよ。となりの部屋に。なんでかはわからないけど、本当にいるのよ」。

ここにきて、あなたは自分を疑いだす。セレブたちがとなりの部屋にいないことはまぎれもない事実だと確信してはいるものの、彼らがテーブルを囲んでいる姿が目に浮かんでくる。

「あなたも見てきたら?」と友達が促す。

ついにあなたは折れてしまう。見に行こうとして席から立ち上がる。

これが他の発言を引き合いに出すことにそなわる威力だ。ただ同じことをくり返されただけで、あなたは相手の言葉を受け入れてしまう。たいていの場合は、何かが一度主張されたところで、たいした影響は受けない。しかし、その主張がくり返されると、そのたびに私たちの抵抗力――不信な思い――は弱くなり、ついには、相手の主張に信憑性がある可能性に心のドアを開いてしまうのだ。一九三九年にフランクリン・D・ルーズベルトが言った言葉を覚えておこう。「くり返しが嘘を真実に変えることはない」。

宗教を持ち出す*

宗教を持ち出すのは、「嘘を着飾らせる」と心理学者が呼ぶ行為の極端な形で、抜群の効果を発揮することがある。何といっても、書類カバンに入っているもののなかで、神よりパワフルなものはない。そのため、「神に誓って」とか「神様が証人になってくださるように」などという言葉が出てきたら要注意だ。嘘を日曜日の晴れ着で着飾らせて、あなたに見せようとしているのかもしれない。

宗教を持ち出す例

「神に誓って」
「アラーが証人になってくださるように」
「聖書にかけて」
「私が真実を話していることは神さまがご存知です」

選択的記憶*

「記憶にありません」と言われると、目に見える決定的な証拠がないかぎり反論するのは難しい。これは崩すのが難しい心理的アリバイ*だ。選択的記憶に関することでもう一つ難しいのは、それが正当なものである可能性が非常に高いことだ。たとえば、従業員二万五〇〇〇人を擁する企業の最高経営責任者《CEO》に「過去一二か月の間に不正を働いた従業員がいますか？」と尋ねたとしよう。もしこのCEOが、「そんな者はいない」と断言したとしたら、どこか釈然としない。というのも、本当にそうなのかどうか知るすべはおそらくないからだ。もっと理にかなった反応とは、「私が知る限りでは」と付け加えることだろう。しかしこれは、別の状況では、「問題あり」の反応になる。もしこのCEOに、過去一二か月の間に、あなたは不正を働いたかと訊いたときに「私が知る限りでは」と付け加えたとしたら、さらに追及することが必要な状況を手にしたことになるからだ。このように、選択的な記憶については、

選択的記憶の例

「私の記憶のかぎりでは」
「私の知るかぎりでは」
「私が認識している範疇にはありませんが」

文脈に注意を払うことが、ことさら重要になる。

修飾語句*

嘘の指標になりうる修飾語句には、「隠したい情報を省くための修飾語句」と「印象を良くするための修飾語句*」という二つのタイプがある。「隠したい情報を省くための修飾語句」は、隠したい情報をひっこめたまま真実を答えるようにするために使われる。このタイプの修飾語句の例には、「基本的には」「おおかたでは」「本質的には」「おそらく」「たいていは」といったものがある。一方、「印象を良くするための修飾語句*」が使われる理由は、信憑性を高めるためだ。例には、「率直に言って」「正直なところ」「ざっくばらんに言えば」などがある。とはいえ、どんな人にも口癖や話し方のパターンといったものがあり、それにはこの二つの修飾語句が含まれる場合もある。だから、ここでも〝クラスタールール〟を思い出すことが重要になる。さらに、個々の修飾語句を一つひとつ別々にカウントすることはしない。一つの質問に対して複数の修飾語句が使われた場合は、すべてまとめて一個としてカウ

隠したい情報を省くための修飾語句の例

「〜と言えるわけではない」
「本質的には」
「基本的には」
「おおかたでは」
「おそらく」

印象を良くするための修飾語句の例

「率直に言って」
「本当のことを言うと」
「正直なところ」
「ざっくばらんに言えば」

ントする。質問に対する一個の答えのなかで、複数の修飾語句が使われることもある。隠したい情報を省くための修飾語句への対処の仕方については、第11章でさらに詳しく説明しよう。

マイケルは、小さな会社に簿記係として働いていた若い女性の一件を扱ったことがある。この女性は、経営者の署名のゴム印を使って会社の小切手を自分宛てに切り、七五〇〇ドルを横領した疑いがもたれていた。嫌疑を突き付けられたときには、経営者が脱税のために二重帳簿を作成しており、その不正を他言しないことと引き換えに、七五〇〇ドルの支払いを受けとったと主張した。しかし経営者は彼女の主張を否定し、警察に通報したのだった。

次は、マイケルがこの女性に聴き取りを行ったときの内容を書き起こしたものである。

マイケル 彼（経営者）が「(二重帳簿について）知られてしまったからには、口をつぐんでくれれば、君の面倒をみよう」と言ったということについて、説明してください。

簿記係 「そうですね、彼は基本的に、追加分を支払うと言ったんです。わかるでしょ、ポイントやなんかのことです。基本的に詳しい話はしなかったんです。基本的には」

彼女が、話しながら適当に内容をでっちあげていることは明らかだった。そして案の定、最終的に白状したのである。この事件が起きたとき、彼女は別件の重罪による長期保護観察処分をあと一か月で終了するところだった。彼女は、基本的に懲役刑に直面していたのである。基本的には。

説得力のある発言*　本章の冒頭で見てきた嘘のカテゴリーの一つ「影響を与えて隠す嘘」はとりわけ威力を発揮する嘘で、私たちが「説得力のある発言」と呼ぶ形をとって使われる。この嘘は非常に強力なので、より掘り下げた検討が必要だ。そのため、次章で詳しく見ていくことにしよう。

●人が嘘をついているときに見せる（言葉による）欺瞞行動の指標

- 質問に答えられない
- イエスかノーの答えを求める質問に否定が返ってこない
- 端的な否定ではなく漠然とした否定をする
- 答えのなかで否定を示す部分の割合が低い
- 答えをしぶる、または拒否する
- 質問をオウム返しにする
- 答えにならない発言をする
- 首尾一貫しない発言をする
- 攻撃モードをとる

- こちらがした質問に直接関係のない問いを返してくる
- 過度に詳しい返事をする
- 妙な礼儀正しさがある
- こちらの質問のしかたに不満を言う
- 簡単な質問が理解できない
- 別の発言を引き合いに出す
- 宗教を持ち出す
- 「私の知る限りでは」といった選択的記憶には注意が必要

The Most Powerful Lies

6 最強の嘘

嘘は、真実よりさらに道理にかなったものにしなさい
真実の追求に疲れた旅人たちが休むことができるように

——チェスワフ・ミウォシュ
〔ポーランド出身のノーベル文学賞受賞作家。一九一一～二〇〇四〕

この仕事をしていれば誰でも経験することだが、私たちも胸をえぐられるようなケースに幾度となく遭遇している。なかでももっとも衝撃的だったのは、アメリカ合衆国キャリア公務員給与の最上ランク「GS15」に属していた男のケースだったと言っても言い過ぎではない。ここでは彼を「オスカー」と呼ぶことにする。オスカーには子どもに対する性的虐待の容疑がかかっており、その取り調べを要請されたのがフィルだった。

子どもに対する性的虐待に関わったのかとフィルが質問したとき、オスカーはフィルをにらみつけ、人差し指を左右に振りながら話しはじめた。

「お若いの、私は決してそんなことはしない。そんなことは変質者のすることだ。私は変質者ではない」オスカーは憤慨して、そう言い放った。

しかしフィルは臆せずに、愛想のよい落ち着いた態度で応えた。

「まあ、聞いてください。実は私にも幼い息子が二人います。正直に言って、もしあなたが変質者だと思っていたら、同じ部屋にいることなど、とても我慢できなかったでしょう」

オスカーは当惑した。フィルのそんな反応は予想していなかったからだ。言い争いや激論を予測していたのに、彼が手にしたのは同意だった。そのあとフィルは、ただちに一連の質問に戻った。

「さて、最後に子どもと二人きりになったのはいつでしたか?」

最終的に、オスカーは数百人の子どもに性的虐待をしていたと自白した。どこで子どもを探したのかという質問への返事は、背筋が凍るようなものだった。もっともお気に入りのハンティング場所として彼が明かしたのは、子どもたちに人気のある「ピザ&アーケード」〔ピザの販売とアーケードゲーム設備をそなえた店〕のチェーンストアだったのだ。

フィルの質問に対して「私は決してそんなことはしない」「そんなことは変質者のすることだ」「私は変質者ではない」と答えたとき、オスカーは「説得力のある発言*」と私たちが呼ぶやり方を駆使していた。質問されたときに、事実を伝えることができない者は、こうしたやり方をする可能性が高い。つまり、真実の情報を伝える代わりに、何か別のことで質問者を説得しようとするのだ。

たとえば、誰かに「なくなった金を盗んだのは君なのか?」と訊かれたとしよう。正直者で金など盗んでいないあなたは、ただちに「ちがう!」と答えるにちがいない。なぜなら、それこそ、あなたが伝えたいもっとも重要な唯一の事実だからだ。一方、やましいことを抱えている人は、「ちがう!」と言うことも、言わないこともあるかもしれない。しかし嘘をつくことからくる居心地の悪さから相手を説得しようとして、他の情報を付け加えたい思いにかられるのだ。「私は決してそんなことはしない」「それは不誠実な行為だ。私はそんなことをする人間じゃない」「ここにいる人たちに訊いてみたらいい。私の記録を調べてもいい」などと言うかもしれないし、「私の評判は上々だ」とか「そんなことをして仕事を危険にさらすと思うかね」などと言うこともあるだろう。

もしかしたらあなたは、こんなことは言わずもがなだと思っているかもしれない――そんな言葉を相手が口にしたら要注意信号がともるから見逃すはずがないと。しかし、請け合ってもいい。目と耳を駆使して〝Lの二乗モード〟*をとり〝メソッド〟を活用しないかぎり、どんなバックグラウンドがあろうとも、説得力のある発言の前では誰でも無防備になってしまうのだ。なぜかと言うと、そういった話にはあまりにも説得力があるからである。完全に筋が通っていることが多く、あまりにも理にかなっているため、見抜くのがとても難しいのだ。説得力のある発言を耳にすると「同じ質問をされたら、私もそう答えるかもしれない」と感じることがあるだろう。実際、あなたも同じような返答をするかもしれないが、嘘をついている人とあなたには違いがある。おそらくあなたは、そういった話は一度しかしないだろう。そして「私はやっていない」という直接的な否定*を含め、「説得力のある発言」以外の反応を見せるにちがいない。しかし、嘘をついている人には、「説得力のある発言」をいくつも続けて口にする傾向がある。なぜなら、そうする以外に、とるべき手段がないからだ。事実が友ではないのだから。

では、この行動の実例をさらにいくつか見ていくことにしよう。数年前、警察官のグループにトレーニングを施していたフィルが「説得力のある発言」について論じていたとき、部屋の後ろのほうで、二人の警察官が笑い声を立てたのに気が付いた。トレーニングは楽しめる雰囲気で進められることが多く、このときも、フィルはわざと厳格な女性教師のように突然話をやめ、この二人に向かって「なにがそんなにおかしいのか、クラスのみんなに伝えなさい」と指示した。警察官の一人が伝えた話はこうだった。同僚警察官（やはり、そのトレーニングに参加していた）が現在担当している、町で起こった窃盗事件がある。ある女性が、仕事で外に出ている間にマンションの配管の水漏れを修理してくれるよう修理工に頼んだところ、帰宅したときに宝飾品の一部がなくなっていたのだ。事件の調査を担当した警察官は、マンションに出入りできた者すべてに聴き取り調査を行い、その中には、くだんの修理工も含まれていた。この男に、宝飾品を盗んだかどうか尋ねたところ、彼の返事は次のようなものだったそうだ。

「私はこの仕事を二〇年も続けてきていて、もうすぐ引退するところなんですよ。バカげた石ころなんか盗んで年金の受け取りを危険にさらすようなことなんか、するはずがないでしょうが」

笑い声をあげていた二人の警察官によると、調査を担当したこの同僚警察官は修理工の返事がとても道理にかなっていると思い、彼を容疑者リストから外してしまったそうだ。フィルは、クラスにいた担当警察官本人に声をかけた。

「いまではどう思うかね？」

「あした修理工をもう一度取り調べます」というのが彼の答えだった。

おなじ頃、私たちはサウスカロライナ州の州警察に対してもトレーニングを施していた。そのクラスに、たまたまサウスカロライナ州ユニオンという小さな町から来た警察官がいた。この町のもっとも有名な——より正確には、もっとも悪名高い——住人は、スーザン・スミスである。もしかしたらあなたも、一九九四年の悲劇的な殺人事件を覚えているかもしれない。スミスは幼い二人の息子をシートベルトで座席に固定したまま、車をゆっくりと湖の中に沈めて溺死させたのだ。彼女は当初、男が車をハイジャックしたと主張していたが、その九日後に罪を自白したのだった。

この「説得力のある発言」について検討したあとの休憩時間に、この事件の調査を近くで見ていたユニオンの警察官が私たちのところにやって来て「きょう初めて、彼女がどうやって最初の聴取で取調官たちを欺いたのかがわかりました」と言った。子どもの失踪に関わっているのかと問われたとき、彼女はこう答えたという。「私は子どもたちを愛しています。あの子たちを傷つけるようなことなど、どうしてできるでしょうか？　あの子たちを傷つけるようなことは絶対にしません」。この警察官によると、取調官たちは熟練警察官だったにもかかわらず、この発言を聞いた時点で、彼女は事実とは無関係だと信じてしまったのだという。

これら三つの例において、「説得力のある発言」が非常に効果的に働いた理由は、次の三つの要素にある。まず、あらゆる「説得力のある発言」に共通することだが、内容が真実、あるいは反論しようのないものであること。スミスが「私は子どもたちを愛しています」と言ったとき、おそらくそれには、ある程度の真実がこもっていたことだろう。「あの子たちを傷つけるようなことは絶対にしません」という言葉は悲惨な嘘だったが、彼女がそれを口にした時点では、反論のしようがないものだった。

第二に、「説得力のある発言」は、通常、感情を伴って口にされる。スミスの例で見ると、彼女がこのような発言をしたとき、取調官は彼女の目に涙が浮かんでいるのを見たそうだ。感情こそ、信念を表現する道具なのである。感情自体は、必ずしも真実か嘘かを示すわけではない。しかし、相手を欺こうとする人たちは、嘘を固めるために感情を利用する。

三番目の要素は、発言が取調官のバイアスに一致することだ。「私たちの経験では、母親はわが子を殺すようなことはしないものです。それに、サウスカロライナ州のユニオンでは、そんなことは絶対に起こりません」と例の警察官は私たちに言った。これは興味深い発言だった。

「それなら、母親が子どもを殺すところとは、どこだね？」とフィルは尋ねた。

「それは、その、ニューヨークやロサンゼルスやシカゴのようなところです」。警察官でさえ、私たちと同じように、根拠があやふやな一般化を犯してしまうのだ。

修飾語句の場合とは異なり、私たちは、説得力のある発言については、それぞれの発言を一個の欺瞞指標としてカウントする。そのため、説得力のある発言が二つあればクラスターになる。説得力のある発言とは、それほど強力なものなのだ。

説得力のある発言の例

「私の誠実さを疑うような人はいません」

「私の評判はとてもいい」

「私は正直な人間だ」

「私の言葉こそ、まさに証文です」

「そんなことをするのは、私の性分ではありません」

「私はいつも正しいことをしようとしています」

「そんなことをして仕事を危険にさらすようなまねは絶対にしません」

「こんな深刻なことに私が関わっているなど、どうして思えるんだ？」

「私は二〇年以上もここに勤めています」

「君を愛しているんだ。君を傷つけるようなことなど絶対にしない」

「説得力のある発言」を無効にするには

「説得力のある発言」に対処する方法は、その効力を無効にすることだ。つまり、相手の発言を認めたり、同意したりして、威力をゼロにしてしまうのである。これはもちろん、相手が犯した行為を是認することとは区別しなければならない。スーザン・スミスの例（七九ページ参照）では、こんなふうに言うことができるだろう。「スーザン、君が子どもたちを愛しているのはわかっている。それは誰の目にも明らかだ」。

彼女は一瞬「うまくだませた」と思うかもしれない。けれども、こちらが次にとるべきステップは、その時点から、もとの質問の流れに戻って、それをたどり続けることだ。たとえば「スーザン、いまから、本当に起きたことについて話し合いたい。君の話をもう一度さらってみたいんだ」などと言うことができるだろう。ここで相手に伝えているメッセージは、「私たちは君に質問し、その返事を聞いた。君が言ったことに会話の流れが左右されることはない」というもの。このテクニックの優れたところは、相手のレーダーに検出されないような形で、そういったメッセージを伝えられることにある。反対に、レーダーにひっかかる物言いというのは「ちょっと待てよ、スーザン。君の言葉は信じられない。白々しい嘘をついているんだろう」というようなものだ。このような言い方は、相手を身構えさせ、心の扉を閉ざさせてしまう。私たちがやらなければならないのは、相手の心をこちらに向かって開かせることだ。このテクニックは、親が子に何かを問うときでも、雇用者が従業員に質問するときでも、はたまたCIAのオフィサーがテロリストに尋問するときにも、非常に大きな効果を発揮する。

子を持つ親へのヒント

もしあなたがお子さんを持つ親で、わが子に薬物使用について訊かなければならないときがきたら、〝Lの二乗モード〟をとり、「説得力のある発言」にことさら注意するようにしよう。私たちの経験では、薬物を試してみた子どもは、親に問い詰められると、「説得力のある発言」を非常によく使う傾向がある。もしお子さんが本当に薬物を使ったことがなければ「絶対にやってない！」とか「試したことなんかない！」と否定で答える可能性が高い。半面、薬物を使った子どもが質問を否定する可能性は低い。その代わりに、次のような「説得力のある発言」をよく使う。

- 「そんなことやったと思われるなんて、信じられない！」
- 「そんなことを疑われるようなことなんて、一度もしたことないだろ！」
- 「どうして信じてくれないの？」
- 「私にこんなこと訊くのは、友達のジョシュがつかまったからなんでしょ！」

付録Iに、わが子に薬物の使用について尋ねる際に効果のある質問のリストを掲げるので、ぜひ参考にしていただきたい。

- **嘘をついている人は、真実の情報の代わりに、何か別のことで質問者を説得しようとする。**
- **嘘をついている人には、「説得力のある発言」をいくつも続けて口にする傾向がある。**
- **説得力のある発言が二つあればクラスターになる。**

7 嘘つきの怒り

怒れる者ほど大胆に嘘をつく者はいない。

――フリードリヒ・ニーチェ
〔ドイツの哲学者。一八四四～一九〇〇〕

二〇〇六年四月一〇日。テキサス州ヒューストンにある連邦裁判所で、エンロン社の元最高経営責任者だったジェフリー・スキリングが、自らを裁く裁判で証言台に立った。容疑は、共謀罪、証券詐欺罪、インサイダー取引、そしてこの元巨大エネルギーサービス企業が華々しく崩壊したのちに監査人に虚偽の供述を行った件。彼はこの日、わが身の潔白を訴えるため証言台に立ったのだった。

裁判所書記官が宣誓文を読み上げるのに合わせて、スキリングは右手を挙げた。「真実を述べること、真実をすべて述べること、真実だけを述べることを神かけて厳粛に誓いますか?」スキリングは「はい」と答えて着席した。この宣誓文があらゆる嘘をカバーしていることについては、すでに第5章で見てきた通りである。つまり、スキリングがつける限りのあらゆる嘘――「ストレー

ト な嘘*」「省略による嘘」「影響を与えて隠す嘘」——は、すべて封印されていたのだ。この宣誓を行ったときに、彼の脳裏に何が去来していたか想像してみるのは興味深い。事実は味方になってくれず、この裁判にかかっている不利益はあまりにも膨大で、ついに窮地に陥ったと感じていただろうか。苦境の元凶とみなす相手に嚙みついたのは、そんな思いからだったのだろうか。

「魔女狩りが始まったのです」とスキリングは陪審員に訴えた。「財産を失った人も、仕事を失った人もいます。だから一番簡単なのは、魔女を探すことだったのです」。しかし陪審員がこの発言に惑わされることはなかったようだ。その四五日後に陪審員が答申した評決は有罪だった。訴因は、共謀罪一件、インサイダー取引一件、監査人への虚偽の供述五件、そして証券詐欺罪一二件。スキリングには二四年四か月の懲役刑と四五〇〇万ドルの罰金刑が科された。

実は、その日をさかのぼること五年前、スキリングはすでに追い詰められた兆候を示していた。二〇〇一年四月一七日にアナリストとレポーターを交えて開かれた電話会議で、ボストンにあるボストン・ハイフィールズ・キャピタル・マネジメント社の常務取締役だったリチャード・グラブマンが、スキリングを問い詰めていたのだ。エンロン社が、貸借対照表を損益計算書に添えて提出するのを拒んでいたためである。

「損益計算書に添える貸借対照表やキャッシュフロー計算書を提出できない金融機関なんて、御社しかありませんよ」とグラブマンは言った。

「そうですか、そう言ってくれてありがとう。恩にきますよ、くそったれめが」というのがスキリングの返事だった。

明らかにその日、スキリングの脳裏には、エンロンで起きていることに関するさまざまな情報が駆け巡っていたことだろう。そういった情報は、質問の答えとして、伝えられない、あるいは伝えたくないものだった。それから八か月もたたない二〇〇一年一二月二日、エンロンは破産を申請することになる。

スキリングには、それまでの人生がほころびかけていることがわかっていた。そしておそらくは、深刻な結果をこうむることになる現実的なシナリオも描けていただろう。彼が会議や証言台の上で示したような攻撃的行動は、とりわけ強力な嘘の指標になりうる。状況がのっぴきならないものであればあるほど、そうした状況に置かれた者は攻撃という行動に訴える傾向が高い。そのため、ある質問に対する反応として攻撃的行動が示されたら、相手がその質問にとりわけ強いプレッシャーを感じていること、そして、その分野はさらなる追及が必要であることを強く示している。

第5章で紹介した欺瞞行動の一つに、「低すぎる懸念のレベルを示す」というものがあった。その際に説明した通り、嘘をつく人間は、事実が味方してくれないため、不適切に気軽な態度をとることで問題の重要性を薄めようとするのである。こうした行動は、時と場合によって、攻撃や敵意といった形で表現されることがある。

二〇〇三年一月二八日、テレビジャーナリストのダイアン・ソイヤーが、カリフォルニア州モデストという町に住む男にインタビューを行った。男の名はスコット・ピーターソン。やがて二〇〇〇年代のもっとも有名な殺人事件となる一件で、妊娠していた妻レイシーを殺害した罪で有罪判決を受けることになる男だ。ソイヤーは、誰もが聞きたがっていた質問を、ずばり彼に尋ねた。「奥さんを殺したんですか？」

ピーターソンは「ちがう、ちがいます。私はやっていません」と答えた。しかし奇妙なことに、そう言った彼の顔には笑みが浮かんでいた。こんな衝撃的な質問に対するこれより不適切なふるまいは、そう簡単には思い付かない。

このような行動をとらせる心理学的要因には複雑なものがあるが、私たち著者の経験から言うと、ピーターソンが示したような反応は、攻撃的行動の一形態だとみなせる場合がある。これほどの凶悪な犯罪に関する質問に対して笑みを見せるという行動は、質問者に対する攻撃ともとれる見下しや軽蔑の表現である可能性があるのだ。

一方、攻撃的な行動は脅しという形をとることもあり、それには自傷行為すら含まれる。私たちは、ＣＩＡでポリグラフ検査に携わっていたときに、そんな例を幾度も経験した。ＣＩＡは嘘がもたらす危険がことさら深刻になる機関であるため、ポリグラフ部は極度の緊張感に包まれている。

ポリグラフ検査器に被検者をつなぐ前には、検査前面接を行うことになっている。これは、ポリグラフ検査でカバーすることになる問題を前もってさらうもので、被検者はこの面接を通して自分の反応に対する自信を深め、検査で問われる問題に直接関係することを事前に打ち明ける機会が手にできるだけでなく、間接的な問題について相談することもできる。ＣＩＡで行われる検査前面接では、必然的に、非常に個人的な問題にまで踏み込んだ質問がなされる。というのも、国家の安全や人々の命に関わる情報を託せる人物であるかどうかを見きわめる必要があるからだ。検査前面接は、ＣＩＡで働きたいと望む人々にとって避けることのできない、極めて立ち入った、心に突き刺さるようなテストなのである。

あるときスーザンは、ある女性を四回も面接しなければならなかった。その女性が示した行動に不審な点があったためだが、面接のたびに女性はどんどん冷静さを欠いていき、ついには、追及の手を緩めなければ七階のバルコニーから飛び降りてやるとまで言ってスーザンを脅した。ＣＩＡの外のスーザンの姿を知っている人は、彼女のことを典型的な〝サッカーママ〟〔子どもをサッカーの練習に送り迎えするようなアッパーミドルクラスの母親〕だとみなしている。だが、この女性は彼女のことを〝偽金髪の拷問女神〟とけなしたのだった。

ＣＩＡの検査前面接で、よりふつうに見られる攻撃的な行動は、質問者を直接非難するものだ。ポリグラフ検査官になる前に手がけていた職務経験から、スーザンは定期的に、ケースオフィサーのポリグラフ検査を任されていた。ある男性ケースオフィサーに検査前面接を行ったとき、彼女は、外国籍の人物と外国の諜報機関との接触に関するお決まりの質問をした。ところが、この質問はケースオフィサーを激怒させることになった。男はスーザンに怒りをぶつけ、ケースオフィサーの暮らしぶりや活動のことなど何もわかっていないと言って、彼女を痛烈に非難した。だがスーザンは動揺しなかった。彼をポリグラフ検査器につなぐ必要もなかった。検査前面接が終了するまでに、このケースオフィサーは、外国の諜報機関で働いている女性と性的関係を持っていたことを自白したからである。

さて、これからは、もっと一般的な状況でなされる刺激応答＊のやりとりで攻撃的行為がどのように示されるか、さらに掘り下げて見ていくことにしよう。

＊　＊　＊

デラウェア州の元上院議員候補だったクリスティン・オドネルが、自著を宣伝するためにCNNのトーク番組〈ピアース・モーガン・トゥナイト〉に出演したことについては、第5章ですでに紹介した。その際には彼女の首尾一貫しない発言＊について検討したが、ここでは彼女の攻撃的行動に的を絞って考えてみることにしよう。

インタビューがかなり進んだ時点で、モーガンは、オドネルが出演した一九九六年のMTVのドキュメンタリー番組について触れた。オドネルはこの番組で自慰行為を批判していたのだが、それ以来見解が変わったかどうかと、モーガンがオドネルに質問したのである。離れたスタジオからインタビューに応じていたオドネルは、このドキュメンタリー番組については自著の中で触れており、人生のその時点で、なぜその問題を公に取り上げたかについても本の中で説明してあると答えた。モーガンはさらに、オドネルが禁欲と性欲について語っていたことについて触れ、そこから、同性婚と〈問わない代わりに自分からも言うな《ドーント・アスク・ドーント・テル》政策〉の問題へと話を自然に導いていった。では、この時点からのやりとりを取り上げ、オドネルが見せた攻撃的な行動を浮き彫りにすることにしよう。

モーガン　これについてあなたに質問するのは自然な流れです。つまり、どんな政治家にとっても非常に適切な質問で……

オドネル　（モーガンを遮って）それについては、すべて本に書いたわ。

オドネルは、すでに完全な攻撃モードに入っている。モーガンを遮ったのは、その質問を話題として取り上げさせないようにするためだ。この礼を欠く態度は、モーガンおよび彼がとろうとしているインタビューの戦略およびプロセスに対する攻撃で、モーガンの質問によって政治的立場が甚だしく損なわれるのではないかとオドネルが危惧していることを強く示唆している。そのため彼女は、話の内容は自分が指示するというメッセージをモーガンに送って、インタビューの主導権を握ろうとする。

モーガン　たとえば、同性婚に対するあなたの見解はいかがですか？

オドネル　それについては本に書いたわ。私がここに来たのは……

モーガン　（オドネルを遮って）あなたがこの番組に出演しているのは、その本を宣伝するためでしょう？　だから、「すべて本に書いた」と言い続けるわけにはいかないんです。その内容の一部について、ここで明らかにしてもらわなくては。

オドネル　ここに来たのは、本について話すためよ。

モーガン　そうでしょう、ぼくはその本について話しているんです。あなたは「すべて本に書いた」と言い続けています。だから、本に書いたことを教えてください。

オドネル 『最高位の追随者』と題した章で私が書いたことについて質問したらどう？　バラク・オバマを批判してる章よ。それについて話せば……

モーガン なぜなら、いまここでは、あなたが同性婚を支持しているのかどうかを知りたいからです。

オドネル あなたの失礼さは、ちょっと限界に近づいているわよ。私は言うまでもなく……

モーガン そうですか？

オドネル 私は言うまでもなく、本に書くことを選んだ問題について話したいのよ。

やりとりのこの時点でオドネルは、モーガンが「失礼」だと決めつけて、彼に直接攻撃をしかけている。その一方で、「ここに来たのは、本について話すためよ」という発言は、それ以前の彼女の反応――本に書いたと認めている問題について話すことを拒否する姿勢――とはっきり矛盾している。モーガンが同性婚の問題について食い下がるなか、オドネルは意見の撤回を余儀なくされ、自分が選んだ問題についてだけ話をするよう言い張るしかない。

モーガン この質問への答えは、本に書いてあるんですか？

オドネル 私の宗教的信念について書いたわ。ええ、そうしているわよ。

モーガン 同性婚について、本の中で触れているのですか？

オドネル そのことと、いま話していることと、どんな関係があるっていうの？　そんな法案でもあって？

モーガン　この問題は明らかに――ミシェル・バックマン〔元ミネソタ州上院議員で反同性愛者の立場をとった〕やほかの人たちの見解のせいで――明らかに論争の焦点になっている政治問題です。ぼくは、あなたの意見が知りたいんです。あなたは「本に書いてある」と言い続けていますよね。だから、もし本に書いてあるなら、どうしてインタビューで話すことができないのかがわからないんですよ。

オドネル　それは、そうすることが適切だとは思えないからよ。それは、私が話そうと思っているトピックじゃない。いまここで私が擁護しようとしていることじゃないわ。そのことについては、もう触れて、取り組んで、やってきたのよ。いまここで私がやろうとしているのは、本を宣伝すること。この本がティー・パーティー運動に参加している人々を勇気づけて、アメリカを第二のアメリカ革命に連れ戻す運動が続けられるようにしたいと思っているのよ。それが私の目標。それがいま、私が取り組んでいることだわ。

ここでオドネルは、質問が不適切だと非難することによって、モーガンを攻撃している。さらに、ここでも質問に答えていない。モーガンにこの問題を取り上げさせることを恐れているのは明らかだ。

モーガン　では、あなたは〈問わない代わりに自分からも言うな政策〉を復権させるべきだと言うミシェル・バックマンに同意するんですか？　この政策をふたたびとるべきだと？

オドネル　（笑って）私は政策について話しているわけではないわ。選挙に出馬しているんじゃないのよ。ミシェル・バックマンに直接訊けばいいでしょ。出馬している候補者たちに直接訊けばいいんだわ。

モーガン　なぜこの件について、そんなにおかしな態度をとるんです？

オドネル　この件についておかしな態度なんてとってないわよ、ピアース。私は選挙に出馬しているわけじゃないし、立法議案を促進しようとしているわけでもない。私は、この本に書いた政策を促進しようとしてるの。そのほとんどは、財政に関することと憲法に関することよ。だからこそ、あなたのショーに出るのを引き受けたのよ。それこそ、私が話したいことだわ。私はおかしな態度などとっていない。あなたはちょっと失礼の度がすぎるわ（第5章参照）。

モーガン　なぜ失礼だと思われているのか、皆目見当がつきませんね。実のところ、かなり愛想よく、礼儀正しくあなたに接していると思っていますよ。ぼくは、あなたの公的な発言に基づいた質問をしているだけです。そしていまは、あなたがご自分の本に書かれたことについて質問しているんです。あなたにそれを尋ねたところで、失礼にはあたらないはずです。

オドネル　それなら、ホストとして、もし私がこれについて話したいと言ったら、それについて話すべきではないかしら。

モーガン　いいえ、違います。あなたは政治家なんですから。

オドネル　ああ、わかったわ。いま、呼ばれてるの。この番組に出るために、ほかのインタビューを断ったのよ。

モーガン　どこに行くんです？　帰るんですか？

オドネル　そうよ、共和党の女性局で六時に講演することになっていたのだけれど、それには遅れて出るつもりだったのよ。でもそれは、失礼なトークショーのホストを我慢するためではなく、私の本について話すため、本に書いた問題について話すためだった。本は読んだの？

モーガン　ええ。でも、こういった問題は本に書かれていました。私が言いたいのもまさにその点です。あなたは、それらの問題について本で語っているのです。

オドネル　わかったわ。もういい？　もう終わった？

オドネルは、このインタビューを二重攻撃で締めくくった。つまり、モーガンを「失礼なトークショーのホスト」と決めつけ、突然ショーから立ち去ることで途方に暮れさせたのだ。

このインタビューにおけるオドネルのふるまいは、一連の質問の流れに逃げ場を失った人が、追及の手を弱めるために、いかにして質問者に攻撃を仕掛けざるをえなくなるかを如実に示すものだ。オドネルは、同性婚に関するモーガンの質問に脅威を感じているように見受けられる。では、この脅威に対する反応として彼女の攻撃がここまで強烈だったことをどう考えるべきだろうか？　オドネルはおそらく、全国放送のテレビ番組で、同性婚に対する彼女の見解をモーガンに取り上げさせることは、彼女の政治的立場に悪影響を与えると確信していたのだろう。さらには、より個人的なレベルで問題が生じるとまで考えたのだと思われる。自ら認識していたように、モーガンの質問に対して真実の情報を提供するという選択肢は彼女にはなかった。失敗したときに犠牲となるものが大きく、かつ、もはやとるべき道が残っていないと感じると、嘘をついている人は、よく攻撃的な行為を武器に使う。

●嘘をつく人間は、不適切に気軽な態度をとることで問題の重要性を薄めようとする。これは、時に攻撃や敵意といった形で表現されることがある。

8 人はどのように嘘をつくのか——行動

見る眼と聴く耳のある者なら、秘密を隠し通せる人間などいないと知るだろう。
たとえ唇が閉じていても、人は指でおしゃべりをする。
秘密はその人を裏切って、あらゆる毛穴から沁みだしてくる。

——ジークムント・フロイト
〔オーストリアの精神分析学者。一八五六〜一九三九〕

もし一枚の絵が一〇〇〇語に値するとしたら、その企業幹部も、一度の邂逅《かいこう》が一冊の本に値するような人物だった。あるときフィルは、政府関連の仕事を受注しているフォーチュン500社企業〔『フォーチュン』誌がランク付けする、売上規模全米五〇〇社に入る大企業〕の幹部の面接を依頼された。CIAが委託する業務が機密を要するものだったため、同社の幹部たちの背景調査が行われたのである。面接をした幹部の一人が、ここでノーマンと呼ぶ、この男だったのだ。背景調査によって、ノーマンには外国籍のガールフレンドがいることが判明した。彼は既婚者だったが、問題は浮気をしている事実よりも、その事実を隠していたことにあった。あらゆる外国籍の人物との接触は要記録事項とされていたにもかかわらず、その義務を怠っていたからである。

学生時代にアメフト選手としてならしていたノーマンは、圧迫感を抱かせる大柄な男だった。部屋に入ってきたときの態度はぞんざいで、スーツの上着を吊るすと、不愛想にドサッと腰を下ろした。フィルは彼に面接を行う理由、つまり外国籍のガールフレンドがいるという報告が上がってきていることについて説明した。説明を聞いたノーマンは「わかった」と答えると、右足の靴を脱いで、その足を椅子の上に乗せ、腕で右ひざを抱きかかえた。そのあとフィルは、外国籍のガールフレンドがいるかどうかと、彼に直接尋ねた。するとノーマンはいくつか「説得力のある発言」をしたあと、今度は左足の靴を脱ぎ、左足も椅子の上に乗せて、両膝を腕で抱きかかえた。こうして、パリッとした白いYシャツを着てネクタイを締めた大男は、胎児のように体を丸めて、両膝の隙間からフィルを覗き見ることになったのである。

フィルは、この事態をどう捉えるべきだろう？　ノーマンは明らかに頭脳優秀な人物にちがいない。そうでなければ、フォーチュン500社の幹部の地位にまで上り詰めることなどできなかったはずだ。にもかかわらず、彼は、自分が奇妙な行動を示していることをまったく自覚していなかった。これは、どんな人であっても、他人に気づかれるような行動を露呈してしまうという事実を示す好例である。ここではとりあえず、厄介な問題を抱えたことがわかったフィルは、これからさらに彼を追及しなければならないと覚悟したとだけ言っておこう。

コミュニケーションの多くが言葉以外の方法で行われることについては、すでに第2章で見てきたとおりである。実際、言葉によらないコミュニケーションは、私たちのやりとりのかなりの部分を占めており、個々の研究によって所見は異なるものの、大部分の研究者は、少なくともコミュニケーションの三分の二は言葉を介さずに行われていると結論づけている。もしこのカテゴリーのコミュニケーションをそっくりそのまま〝ボディランゲージ〟として捉えるとすれば、メソッドの一部として私たちが調べる言葉によらない欺き行為は、そのカテゴリー全体のほんの一部でしかないことをはっきり認識しておくことが必要だ。言いかえれば、ボディランゲージには、明らかな指標になるものも、そうでないものも含まれているのである。

いわゆる〝ボディランゲージのエキスパート〟は、言葉によらない行動を大きく捉えて分析する傾向がある。このグローバルな行動分析に関する私たちの見解を覚えておられるだろうか。こういった分析には足を踏み入れないほうがいい。消火ホースから水を飲もうとするようなものだからだ。さらには、ある特定の姿勢やくり返される動作の意味や重要性を当て推量しなければならない立場にも追い込まれてしまう。当て推量は除外しなければならない。そして、嘘を見きわめるという目的地にたどり着くうえでまったく役に立たない行動は、すべて取り除くことが必要だ。つまり、分析するのは、刺激*、すなわちあなたの質問に対して、ただちに直接返される反応に限らなければならない。

私たちは経験から、このような形で示された行動のうち、とくにはっきりと嘘をついていることを示す行動を突き止めている。それらはどういった行動なのか、これから見ていくことにしよう。

反応がない、または遅れる*

質問をしたが、何の反応もない。しばらくしてから、ようやく反応しはじめる。このような場合、それを嘘の指標としてみなすにはどれぐらいの遅延が必要だろうか。結論から言うと、それは時と場合による。

次の実験を友人に試してみよう。「七年前のこの日、君は何をしていた?」と訊いてみるのだ。この質問をされた人は、答える前にかならず言いよどむ。なぜなら、すぐに答えられるような質問ではないからだ。まず考えることが必要で、考えたあとでも、明確な答えが出せないことがほとんどだろう。では次に、こう訊いてみよう。「七年前のこの日、君はガソリンスタンドを強奪したかい?」と。もし答える前に言いよどんだりしたら、あなたは友人をもっと慎重に選んだほうがいい。それよりよくある反応とは、言いよどむことなく、ただちに「やってない!」とか「もちろん、そんなことしてないさ!」というものだろう。これは単純な実験だが、反応の遅れを嘘の指標とみなすには、その反応が質問に対してふさわしいものであるかどうかを考慮しなければならないという事実をよく示している。

二番目の変数は、反応の遅れが、その人に適切な反応であるかどうかだ。たとえば、面接では、答える前に相手が費やす時間のパターンが自然にわかってくる。もしこのパターンに逸脱する遅延を示したとしたら、問題ありとみなすべきだ。

言葉と動作の不一致*

人間の脳は、言葉と動作が自然に一致するように配線されている。そのため、これらの不一致が見られるとき、私たちは、それを潜在的な嘘の指標とみなす。

よくある不一致は、肯定を示すために首を縦に振りながら、口で「いいえ」と言ったり、首を横に振りながら、口では「はい」と言ったりするものだ。試してみればわかることだが、質問にこうした行動で応えようとしても、意識的に努力しなければできない。しかし、相手を欺こうとしている人は、考えもせずに、そんな動作をとる。

とはいえ、この欺瞞指標には注意すべき点がいくつかある。まず、この指標が使えるのは、長い返事のときだけだ。一語の返事や、短い返事の場合には使えない。たとえば、「いいえ！」と言いながら、急に首を縦に振る動作をとる人がいるかもしれないが、これは言葉と動作の不一致ではなく、単なる強調の動作だ。次に、頷く動作が「イエス」を意味しない文化や、首を横に振る動作が「ノー」を意味しない文化があることにも注意を払う必要がある。そのため、質問している相手の文化に特有のパターンに通じていることも必要だ。

口や目を隠す*

相手を欺こうとする人は、嘘をつくときに口や目を覆うことがよくある。嘘を覆い隠したいと思うのは本能的な行為だ。そのため、質問に答えるときに手が口を覆った場合、それは問題のある行動になる。同様に、自分がだまそうとしている相手の反応から身を守りたいと思うのも本能的な行為だ。質問に答えるときに目を覆おうとしたら、それは無意識のうちに、大嘘をついてだました相手の反応を見たくないことを露呈しているのかもしれない。この覆い隠すという行動は、手で口や目を覆う場合も、単に目を閉じる場合もある。ここではまばたきは問題にしないが、考え込む必要のない単純な質問に答えるときに目を閉じたら、それは目を隠そうとする行動であり、嘘をついている可能性が高いと私たちは考えている。

咳払いしたりつばを飲み込んだりする*

質問に答える前に咳払いをしたり、はっきり目立つようにつばを飲み込んだりしたら、それは潜在的に問題があることを示している。こうした行為が質問に答えたあとに示された場合は問題ない。しかし、質問の前であったら、その人は相手をだます行動をとろうとしている可能性がある。たとえばそれは、「神に誓って……」という言葉による欺瞞指標*に相当する、言葉以外の欺瞞指標かもしれない。つまり、嘘を日曜日の晴れ着で着飾らせて、あなたに見せようとしているのかもしれないのだ。あるいはその質問により不安が嵩じて、口やのどの不快症状や渇きといった生理的変化が生じた結果である可能性もある。

手を顔にやる*

〝Lの二乗モード〟をとる際は、相手が質問に答えるときに顔や頭部に手をやらないかどうかよく観察しよう。よく見られる動作は、唇を噛んだりなめたり、唇や耳を手でひっぱったりするというものだ。その理由は、高校で学んだ簡単な生物学の知識を思い出せばすぐわかる。質問をすると、相手の不安感が高まる。正直に答えれば自分が不利になるからだ。すると自律神経系*が作動して不安感を散逸させようとする。その手段の一つが「闘争逃走反応*」だ。脅威に直面した相手の体は、より速く走り、より高く飛び上がり、より強靭に戦えるように、血液を重要な臓器や主要な筋群に送りはじめる。この血液はどこから回されるのだろう？　それは、血液供給が一時的に減少しても何とかやっていける、ふだん血液が十分にめぐっている場所からだ。典型的には、顔の表面、耳、四肢といった部位である。そのような部位では、血液供給が少なくなると毛細血管が刺激され、冷たく感じられたり、かゆくなったりする。そして、自分でも意識しないうちに、手がそれらの部位に向かったり、手をもみしだいたりする――かくして、嘘をついていることを図らずも露呈してしまうのだ。

アンカーポイント*の動き

こうした生理学的な反応以外にも、人間の体は不安感を他の身体的動きによって散逸しようとする。そのもっとも顕著な行動が「アンカーポイント」を動かすことだ。

アンカーポイントとは、特定の場所や姿勢に体を固定している部位を指す。立っているときには、第一のアンカーポイントは両足だ。第二のアンカーポイントは、もし腕を体の前で組んでいるなら両腕。腰に両手を当てたり、ポケットに両手を入れて立っていたりすれば両手である。私たちは姿勢を見ているわけではない。アンカーポイントだけを注視すればいい。

座っているなら、第一のアンカーポイントは臀部、背中、両足だ。私たちは、両方の足は、常にアンカーポイントであるとみなしている。たとえ足を組んでいて、片方の足が空中に浮いているときでさえ、それはアンカーポイントになる。実のところ、その空中にある足以外の他のすべての部位が固定されているとすれば、その足こそ、体が不安感を散逸しようとするときに動かすアンカーポイントになる可能性が高い。なぜなら、もっとも抵抗の少ない部位が、その足だからだ。第二のアンカーポイントは、肘掛け椅子の腕に置いたひじや、ひざの上に置いた両手である場合がある。注意していただきたいのは、アンカーポイント一か所ずつの動きを個々の欺瞞指標とはみなしてはならないことだ。つまり、一つの質問に対する反応として、どれだけ多くアンカーポイントの動きが観察されようとも、それらは全部まとめて一個の欺瞞行動とみなす。

ちなみに、面接の際に面接者を座らせる最悪の椅子とは、直角の背もたれのある四本脚の椅子だ。脚に車輪がついていて、座席や背もたれなどが回転したり動いたりする椅子、できれば肘掛の部分も動くようなものであることが望ましい。こうしたタイプの椅子はアンカーポイントの動きを増幅してはっきり示してくれるため、欺瞞行動を見きわめるのがとりわけ容易になる。

身づくろいのしぐさ*

もう一つよく見られる不安を散逸させようとする行動は、身づくろいをしたり、自分の身の回りの環境を整えたりしようとすることだ。それがどんなふうに生じるか、実際の例で見てみよう。

私たちの同僚ドン・テナントは、香港で科学技術ジャーナリストとして働いていた際に、米国のある大手ソフトウェア企業のCEOを取材したことがある。その取材は早朝、CEOが宿泊していた高級ホテル〈グランドハイアット香港〉のプレジデンシャルスイートで行われた。ドンがスイートに到着すると、ヒュー・ヘフナー〔『プレイボーイ』誌の創刊者〕ばりのバスローブを身に着けたCEOがドアを開けて彼を迎え入れ、居間にあるグランドピアノのわきのソファーに彼をいざなった。

当時このCEOは、同社の歴史で初めてハードウェア装置を市場に送り出そうとしていた。それはIT業界を噂でもちきりにした果敢な一歩ではあったが、まさに無分別な行動にほかならないとみなすアナリストも一部にはいた。同社の巨大なソフトウェア事業とハードウェア装置を製品化する試みには、とりたてて意味のある相乗効果はないように見えたからだったが、このCEOは、たとえリスクを冒してでも、この企ては彼が下してきた意思決定のなかで最善の決断になると言って譲らなかった。

同社の新たな戦略をめぐって論争が生じているなか、ドンは一時間におよぶ取材の間に何度もハードウェア装置のトピックに話を戻した。が、そのたびにCEOは「ハードウェア製品はとてつもない人気を呼び、株主に莫大な利益をもたらすことになる」と主張した。興味深いことに、装置は人気を呼ぶことになると言うたびに、CEOはバスローブのベルトをつかんで、ぎゅっときつく締めなおした。その行為自体は——それ以来この話が持ち上がるたびにドンが指摘したことだが——ドンにとっては、かえってありがたいことだった。CEOのバスローブの中身など目にしたくなかったのだから。ともあれ、身づくろいのしぐさが一貫して示されたことは印象に残った。

結局のところ、このハードウェア装置は大失敗をきたし、その構想は棚上げになった。以来同社は一切ハードウェア業界に乗り出そうとはしていない。

これより典型的なものは、嘘をついている男性が、ネクタイや袖口や眼鏡をいじることだ。女性は、ほつれ毛を耳にかけたり、スカートのしわを延ばしたりするかもしれない。私たちは、汗のコントロールについても注目している。質問されている人が汗をかくこと自体は問題行動ではないが、質問に答えるときに、ハンカチを取り出して（もっと明白なのはハンカチなしに素手で）額の汗をぬぐうとすれば、これは問題ありだ。

身の回りを整頓しようとするのも、身づくろいのしぐさの一形態である。質問されたとたんに、電話が曲がって置かれていたり、水の入ったコップが近くにありすぎたり、鉛筆が所定の場所から外れていることに気づきだしたとしたら要注意だ。アンカーポイントの動きと同じように、一個の質問に対して生じる身づくろいのしぐさは、複数個示されても一個の欺瞞指標としてカウントしよう。

●嘘をついていることを示す行動

- 質問に反応がない、または遅れる
- 言葉と動作が一致しない
- 答える際に、口や目を覆う
- 単純な質問に答えるときに目を閉じる
- 不安感を他の身体的動きによって散逸しようとする
- 身づくろいをする（ネクタイや袖口や眼鏡をいじる）

Truth in the Lie: Spying Unintended Messages

9 嘘のなかの真《まこと》——意図せずに発せられた言葉

嘘をついたことをお詫びしたい。
こういった種類のこと以外については、もう二度とあなたがたを
だますようなことはしないと約束する。

——スピロ・T・アグニュー
〔元アメリカ合衆国副大統領。一九一八〜一九九六〕

二〇〇一年四月二九日、アレックス・ベレンソン記者によるコンピュータ・アソシエイツ社〔二〇一〇年よりCAテクノロジーズ社と改称〕の告発記事が、ニューヨークタイムズ紙に掲載された。同社はニューヨーク州ロングアイランドに本社を置く巨大ソフトウェア企業。競合相手に無慈悲なだけでなく、従業員や顧客に対しても厳しい態度をとることで知られていた。『ソフトウェア企業不正が明るみに——コンピュータ・アソシエイツにつきまとう過去の亡霊』という大見出しで飾られたこの記事が暴いたのは、元社員の証言による「収益と利潤を誇張して報告するという、長年にわたってシステマティックに行われてきた数字の偽装」だった。同社は新製品の売り上げが実際より堅調であったように見せかける会計操作を行って、収益を水増しして報告していたという。要するに、コンピュータ・アソシエイツ社はこの記事により、不正会計を行っていたとして告発されたのだっ

た。

これは同社にとってあまりにも大きな打撃だったため、CEOのサンジェイ・クマーは、その日中にニュース専門テレビのCNBCに出演して反論しないわけにはいかなくなった。CNBCのアンカーマン、ビル・グリフェスによって行われたインタビューで、クマーはまずタイムズ紙を攻撃することから始めた。情報源もウォール街のアナリストの名も明らかにせずに記事を掲載したのは問題だと糾弾したのだ。そのあとグリフェスは、同社が売上減を隠そうとしていた疑いについてクマーに尋ねた。それに対してクマーは次のように答えた。「ところで、当社の新たなビジネスモデルには、二つの特徴があります。つまり販売における新たな手法と、収益の計算における新たな手法です」。この返答には、貴重なヒントが含まれていた。

インタビュー後半、グリフェスはタイムズ紙が取り上げた問題、すなわちソフトウェアの〝メンテナンス収益〟を新しいソフトウェアの〝売上収益〟と混同しているという問題についてクマーに質問した。これに対してクマーは、会計原則《GAAP》の厳正さを強調したあと、次のように述べたのだった。

> ところで当社のメンテナンス事業の売り上げは、ソフトウェア企業の売上としてみたときには、たしかに非常に低いレベルではありますが、正常な範囲内にあると言えます。これは今朝の電話でも説明しましたし、ウェブサイトにも情報を掲載しています。それは完璧に筋の通った答えです。当社のメンテナンス事業の売上額が他の企業と同じである必要はありません。ともあれ当社では、基本的に何の不正もしていません。

ここで、二〇〇六年一一月二日に時間を早送りしよう。この日クマーは、証券詐欺と司法妨害について自らの有罪を認め、コンピュータ・アソシエイツ社における二二億ドルの不正会計に関与したかどで一二年間の懲役刑を宣告された。彼は現在、受刑囚七一三二一－〇五三号として、ニュージャージー州フェアトンの連邦矯正施設に付属するサテライト収容所で刑に服している。

この判決の日がやがて訪れることは、二〇〇一年のCNBCのインタビューのなかで実質的に予言されていたと言っていい。このインタビューを書き起こした原稿に目を通した私たちは、クマーが三〇以上の欺瞞指標を示していることを見出した。ここでは、すでに引用したコメントの部分に的をしぼって検討することにしよう。この部分には、私たちが「意図せぬメッセージ*」あるいはより劇的に「嘘のなかの真《まこと》」と呼ぶ例が見事に示されているからだ。

真実が味方してくれないことを訊かれてのっぴきならない状況に陥ると、嘘をついている人は真実の答えをするわけにはいかなくなる。そのため、返答していく過程で、特定の進路をとろうと意識的に決断する。質問者に自分の人徳を信じ込ませようとするかもしれないし、言い逃れをして質問の流れを変えようとするかもしれない。あるいは、質問者をたじろがせるために攻撃モードをとらざるをえないと決断するかもしれない。しかし、その人が気づいていないのは、こういった手段をとる過程で、自分が真実として知っていることを無意識のうちに口にしてしまうことだ。

コンピュータ・アソシエイツ社の新しいビジネスモデルの特徴は「販売の新手法と収益を計算する新手法」だと言ったとき、クマーは意図せずに、同社の会計手順に関する不利なメッセージを伝えてしまっていた。そもそも、〝収益を計算する新手法〟が不正会計でないとしたら、いったい何だと言うのだろう。同様に、メンテナンス事業収益に関する質問への答えが、「完璧に〝筋の通った〟答えです」と言ったとき、真実を伝えられる立場にいなかったクマーが、もっともらしく聞こえることを伝えようとしていたことは、〝筋が通っている《プロージブル》〟という言葉の定義を見ればすぐわかる。プロージブルという形容詞の定義は「表面的にもっともらしく思える、または真実らしく見せかけた」というものなのだから。そしてさらに嘘を塗り固めるために、クマーは、コンピュータ・アソシエイツ社は〝基本的に何の不正もしていません〟と強調した。彼が意図せずに世界に伝えてしまったのは、同社は何らかのレベルで〝不正〟を働いているというメッセージにほかならない。

そのいずれにおいても、クマーは真実を隠そうとしていた。しかし結果的に彼が伝えてしまったのは、真実を述べていないこと、そしてそれを明らかにするつもりはないという事実だった。

そのほぼ一〇年後、二〇一一年の秋に、もう一人の実業家がメディアとの間に問題を抱えていた。今度の実業家はハーマン・ケイン。二〇一二年のアメリカ合衆国大統領予備選挙の共和党指名候補に名乗りを上げた元レストラン経営者だ。一九九〇年代にセクハラ被害を受けたという二人の女性からこうむった火の粉をようやく振りきったと思いきや、またもや爆弾が落ちてきたのである。二〇一一年一一月二八日の夕方のニュース番組で、あるアトランタのテレビ局がジンジャー・ホワイトという女性のインタビューを放映した。彼女はアトランタ在住の実業家で、一三年以上にわたり、ケインと断続的な愛人関係にあったと主張したのだった。

このテレビ局は同日朝早く、インタビューを夕方放映する予定であるとケインに通知していた。

そのためケインはホワイトの主張を否定するために先手を打つことにし、アトランタのテレビ局の放映より数時間早く、ウルフ・ブリッツァーがホストを務めるCNNの二時間番組〈シチュエーション・ルーム〉に出演することにした。ブリッツァーによるインタビューのなかで、ケインはホワイトを一三年間にわたって知っていることは認めたが、それは単なる友人関係であったと主張し、経済的な支援をしたのは、彼女が支援を必要としている友人だったからだと述べた。

結局、ケインは共和党大統領候補指名レースを一二月三日に断念する。それはブリッツァーのインタビューのわずか五日後のことだった。彼はいまでも、ブリッツァーのインタビューで主張し続けたとおり、あらゆる嫌疑はすべて嘘だと主張している。セクハラの申し立てが事実無根であったのと同じように、ホワイトの申し立ても事実無根だと言い張っているのだ。実際、本書が印刷に回った時点では、どの申し立ても事実だとは証明されていない。したがって私たち著者によるインタビューの分析は、〝メソッド〟を応用した行動評価にすぎないことをお断りしておく。それでは、実際のインタビューのやりとりをお目にかけよう。

ブリッツァー　（アトランタのテレビ局は）何と言ってきたのですか？

ケイン　言ってきたのは、その、ある人物の名前です……。

ブリッツァー　そしてあなたは、その女性をご存じだったと？

ケイン　彼女が誰かは知っています。テレビ局は、私に対する告発の内容にも触れました。しかし、放映されるまで、いまの時点では、そのことについて自由に話すことはできません。放映された段階で、私の弁護士、ジョージア州アトランタのリン・ウッド弁護士を通じて対応するつもりです。弁護士と私は、以前二週間にわたってほかの噂について調べました。その結果、事実無根であると判明したのです。なぜかって？　彼女らは、書類や証拠といった信頼できるデータを、一切提出できなかったからですよ。だから、今回も放映されたときに対応することにします。でも、前もって警告しておきたかったんです。私は隠すようなことは何もしていないとね。話が明らかになったときに、あらゆることについて説明するつもりです。

インタビュー後半で、ケインは、セクハラの訴えは事実無根だという主張をくり返した。

ブリッツァー　でも今度のことは……すでに二人の女性にセクハラで訴えられているわけですし、そこに、おそらくあなたと愛人関係にあったと言う三人目の女性が現れるというのは……

ケイン　最初の二件が事実無根――虚偽の訴えであったことを思い出してください。彼女らは訴えを証明することができなかったんです。私はメディアの前でも公の場でも、私が知っていることはこれこれです、事実はこれこれですと、きちんと説明しました。私を信じるのか、彼女らを信じるのかについて判断するのはみなさんです。同じことは、きょう放映されるという件についても言えます。

さてここで、カギとなる発言を調べてみよう。「以前二週間にわたってほかの噂について調べました。その結果、事実無根であると判明したのです。なぜかって？　彼女らは、書類や証拠といった信頼できるデータを、一切提出できなかったからですよ」。そしてさらに「最初の二件が事実無根――虚偽の訴えであったことを思い出してください。彼女らは訴えを証明することができなかったんです」。

メソッドを応用すると、ケインのセリフから意図せぬメッセージが浮かび上がってくる。セクハラの訴えが「事実無根」で「虚偽」であるというのは、ケインがセクハラをした事実が存在しないからではなく、訴えた女性たちが事実を証明することができなかったからだ。ケインが「同じことは、きょう放映されるという件についても言えます」と、同じ文脈で付け加えているのは興味深い。真実のところ、このインタビューの他の部分でも、ケインは、「ホワイトとの間に性的関係がありましたか？」という質問をされた際に意図せずに真実の言葉をもらしている。その一つの例が次のやりとりだ。

ブリッツァー　〝友人〟と言うのは――ちょっとお尋ねしにくいのですが、いずれ誰かに訊かれる質問です――愛人のことですか？

ケイン　いいえ、ちがいます。

ブリッツァー　性的な関係はなかったと？

ケイン　ありません。

ブリッツァー　一度も？

ケイン ありません。
ブリッツァー もし「性的関係があった」と彼女が言うとしたら、彼女は嘘をついているわけですか？ そういう意味だと考えていいですね？
ケイン ウルフ、まずは番組を見てからにしましょうよ。話がどう展開するのかまだわからないのに、最初から決めつけられたくはないですから。

「話がどう展開するのかまだわからないのに、最初から決めつけられたくはない」というケインの言葉は、真実の発言だ。しかし、メソッドに照らせば、彼の意図せぬメッセージは明白である——性的関係がありましたと相手に番組で告白されたら、もはやしらを切ることはできないということだ。

では、この〝嘘のなかの真〟、つまり意図せぬメッセージを捉えるには、どうしたらよいだろうか。それには、真実が重要な意味をもつ状況では、字義通りの意味が非常に重要になることを理解しなければならない。第2章で、コミュニケーションにまつわる問題の一つは、人は何かを聞き取ると自分の解釈を加味し、それによって行動が左右されてしまうことだと説明した。真実の情報を入手しようとして誰かと話しているときには、相手の話を正確に捉え、伝えられたことを字義通りに解釈することが必要不可欠になる。

何年か前、私たちのところに、ある大手の同族会社の調査部長が連絡してきた。この調査部長

（スティーブと呼ぶことにする）は元ＦＢＩ捜査官で、会社に不審な電話がかかってきたと説明した。電話の主――ここではラウルと呼ぶことにしよう――は、誘拐団から、この企業経営者の子どもたちを誘拐する計画に加担しないかと誘われたと告げたという。

南米からかかってきていたラウルの電話はスティーブに回され、彼はラウルと長いこと話して必要な質問をすべて行い、この脅威に関する貴重な情報を収集した。ラウルは、計画が進行するにつれてさらなる情報を提供する用意があると言い、通話の終了間際に、この誘拐計画の証拠となるビデオ映像を翌日着で送る前金として二〇〇ドルを要求した。この一件は当初、深刻で実行可能な脅威とみなされた。そうではないと反証するための情報もまったくなかった。

スティーブは、私たちを調査に加わらせることによって、この脅威の信ぴょう度を測ろうとしたのだった。記録されていたスティーブとラウルの会話を書き起こして調べたところ、あるやりとりがとりわけ注意を引いた。スティーブはラウルに対し、誘拐計画についてより多くの情報を提供するよう、そして誘拐団がラウルに何をさせようとしているのかを明かすように迫っていた。ラウルは動揺しているようだったが、それに応えてさらに追加情報をいくらか明かした。

「それだけか？」とスティーブは訊いた。

「何言ってるんだ」とラウルは答えた。「やつらが言った以上のことを教えてやってるんだぜ」

そんなことは、できるはずがない。〝嘘をスパイする瞬間〟とはこのことだ。ラウルがこの発言で伝えた意図せぬメッセージとは、「話しながら適当にでっち上げている」というものだった。

スティーブは、私たちが分析を行うために必要な情報を見事に引き出していた。その結果、私たちは数多くの欺瞞行動と意図せぬメッセージをつきとめ、誘拐の一件は狂言であると結論づけることができたのである。さらなる調査を通して、ラウルは過去にも同じ手口で裕福な家族をゆすったことが発覚し、結局逮捕されて、現在服役している。

もちろん、犯罪とはまったく関係のない日常的な状況でも、意図せぬメッセージは同じようによく見られる。フィルが思い出すのは、顧客企業に依頼されて採用面接の予備審査を行ったときのことだ。この企業は、応募者が忠誠心を持っているか、長く勤める覚悟があるかどうかを気にしていた。つまり、職を転々と変えるジョブホッパーはお断りだったのだ。面接のある時点で、フィルは応募者に「ご自分が適任であると同社を説得してください。どんなふうに言いますか？」と尋ねた。彼女の返事は次のようなものだった。「私には資格も求められているスキルもあります、と言うでしょう」と言って、彼女は付け加えた。「私が去ったら、さぞかしお困りになることでしょうね」と。

フィルと顧客が聞きたかったのは、まさにこの意図せぬメッセージだった。

さて、この意図せぬメッセージについて、もう少し掘り下げて見てみよう。意図せぬメッセージを浮上させる質問は、私たちが「懲罰に関する問い」と呼ぶものだ。これは被疑者に対して「これをしでかした人は、どんな罰を受けるべきか」と問うものである。

この質問は、少なくとも一九七〇年代から被疑者の取り調べにおいて日常的に使われてきたものだが、おそらく今日、警察官はほとんど正しく理解しておらず、かなり誤って使われているものだ。

犯人の取り調べでは、犯人自身にどんな罰にあたるかを言わせる。理論上、犯人は当然、比較的軽い懲罰を口にし、無実の人はより重い懲罰、凶悪犯罪についてはとりわけ厳しい懲罰を口にすることになっている。

この理論の問題点は、質問される理由が簡単に見抜けることだ。他方、無実だと思われるような答えをあえて口にする人間が、実は嘘をついていることもある。たとえば犯人本人が「そんな人は終身刑を受けて当然だ」というような厳しい答えを口にすることは珍しくない。

嘘をついている者は、常に質問者の印象を操作しようともくろんでいることを思い出そう。だからこそ、真実の行動を無視することが、きわめて重要になるのだ。私たちは、数多くの警察署にコンサルティングやトレーニングを施してきたが、熟練刑事や捜査員でさえこの質問に対する分析を誤ったためにエラーを起こす姿を、驚くほど頻繁に目にしている。

「懲罰に関する質問」に対する反応の分析には細心の注意が必要だ。重い懲罰を答えたとしても考えに入れないようにする。というのは、嘘をついていてもついていなくても、こうした反応を示す可能性があるからだ。一方、経験から言うと、あまりにも軽い罰を口にするときには、嘘をついている可能性が高い。これがどういうことなのか、実際の例を見てみることにしよう。

マイケルは以前、一二歳と一三歳の二人の少女と性的関係を持ったことを最終的に自白した二〇歳の男の面接を手がけたことがある。次に挙げるのは、実際の取り調べからの抜粋だ。

マイケル　あなたがやったと言われていることを、他の誰かがやったとしましょう。もしあなたに権限があるとしたら、あなたはその人にどんな懲罰を科しますか？

容疑者 ちょっと考えさせてください。僕の容疑ですよね？ ええと、私だったら刑務所には入りたくないでしょうね。刑務所に入った人は、出てくるときには、まったく違う人間になってるでしょうから。ええと、すべきなのは……すべきなのは、そうですね、なんらかの講座を受けるとか。問題を抱えているのかもしれないですから。心理学……みたいな……カウンセリングを受けるとか？ もしかしたら謝罪するとか。そうです、もし彼らが望んでいるなら。どうかな。もし彼らが、つまり家族が望んでいて、その人がやらなきゃならないとしたら、謝罪が必要なのでは？

謝罪というのは、この場合、あまりにも寛大な措置ではないだろうか？ ともあれ、意図せぬメッセージに話を戻して、「私だったら刑務所には入りたくないでしょうね」という発言に注意していただきたい。この男はマイケルに対して「誰が事件を起こしたにせよ、その男は刑務所に行きたくないだろう」と告げたつもりだった。だが別の視点で分析すれば、意図せぬメッセージを伝えていたことがわかる。「私はやったが、刑務所には行きたくない」と。

もう一つのケースは、ある既決重罪犯の男の話だ。それはこんな一件だった。男がネバダ州の田舎道を走っていたとき、車がガス欠になってしまった。ガソリンスタンドはずっと先だ。だが近くの農場に小型トラックが停めてあった。男はそのトラックに乗り、ガソリンスタンドまでガソリンの缶を買いに出かけた。しかし、その姿を農場主が見ていて警察に通報したため、被疑者はガソリンスタンドで州のハイウェイパトロール警官に銃を突き付けられて取り押さえられたのだった。

マイケルがこの男の取り調べを行ったとき、男は当初、トラックの持ち主から許可をとりつけたと主張し、持ち主に車を借りる金を支払ったとまで言い張った。この男には、ぜひとも警察にこの話を信じ込ませる必要があった。彼の前科には、レイプ、児童誘拐、車両窃盗、盗品譲受、強盗、さらにはさまざまな薬物と酒に関する逮捕歴があり、人生のほとんどを刑務所で過ごしてきていた。前科があったために、このトラックを盗んだ罪で有罪になれば、二五年以上から終身刑までの懲役が免れない状況だったのだ。では、この男に対する「懲罰に関する質問」の実際を見てみよう。

マイケル　許可を得ずに誰かのトラックを盗んだ人には、どんな懲罰が与えられるべきだと思いますか？

容疑者　その人の前科によると思います。

マイケル　では、あなたと同じ前科のある人だとしましょう。

容疑者　そうですね、終身刑は絶対に重すぎます。でも、なにかしらの懲罰は必要です。なにかしらの……難しいですね。それはその人の心がどうかによりますから。心の中で何が起こっているのか、どんな性格か。正直、その質問には答えられません。

この容疑者の意図せぬメッセージは明らかだ。「終身刑は絶対に重すぎます。でも、なにかしらの懲罰は必要です」と言ったとき、彼は自分の処罰を軽くしようとしていた。そして「正直、その質問には答えられません」と言ったとき、彼が自分でも気づかずにマイケルに伝えていたのは、自分に処罰を下すことになるのだから、そんな質問に正直な答えを出すことはできない、ということだった。結局この男は、許可を得ずにトラックを使ったことを自白した。

さらにもう一つの実例を紹介しよう。この一件は、二五歳の父親が、三か月になるわが子を虐待したのではないかと疑われたものだった。まず母親を面接したマイケルは、彼女は乳児の怪我とは無関係だと判断した。この乳児は肋骨を骨折し、肝臓がはれあがり、背中にはあざを作っていた。マイケルは次に父親に面接を行った。父親は当初、わが子を傷つけたことを否定していた。彼が示した行動には、アンカーポイントの動き、および言葉と動作の不一致がみとめられた――質問を否定しながら、首を縦に振ったのである。そして、「懲罰に関する質問」が次のように行われた。

マイケル　こんなことをした人には、どんな懲罰が与えられるべきだと思いますか？

父親　（質問をオウム返しにしたあとで）本当に微妙な問題です。明らかになんらかの支援が必要なのは間違いない。きっと、きちんと評価してもらいたいんです。そういった人には真剣な、真剣な支援が必要だと思います。

異常に軽い懲罰――わが子に大怪我を負わせた者に対して父親が望む懲罰とはとても思えない懲罰――に加えて、ここでも〝嘘のなかの真〟を見出すことができる。「本当に微妙な問題です」という発言の意図せぬメッセージは、「この質問は本当に微妙な問題で、ぼくは本当に不安な気持ちにさせられる。なぜなら、やったのはぼくだからだ」というものだ。この父親は最終的に子どもを傷つけたのは自分だと白状した。こうした悲劇の多くがそうであるように、その動機は〝フラストレーション〟だった。

親へのヒント

子どもの頃、何かやってはいけないことをしでかして親に見つかり（もちろん誰にとっても、そういった例はすぐ思いつくだろうが）、どんな罰を受けるべきか尋ねられたことはないだろうか？　おそらく、何をしたか、それがどんな結果を引き起こしたかよく考えさせるための質問だったろう。さらには、わが子を罰しなければならないという不本意な立場に立たされた事実を、子ども自身にわからせようとする思いもあったかもしれない。

子どもだったあなたはその後成長して親になり、お子さんが何か罰を与えざるを得ないことをしたため、同じ質問をすることもあるだろう。しかし、お子さんが本当に悪いことをしたかどうかがはっきりわからない場合はどうすればいいだろう。この質問でそれが明らかになるだろうか？

では、例を挙げて考えてみよう。たとえば、仕事から帰ってきたときに、ソファーにグレープジュースの染みがついていたとしよう。あなたにはお子さんが二人いる。二人ともグレープジュースが大好きで、ソファーで、ものを飲んだり食べたりしてはいけないこともよく知っている。あなたは二人に「ジュースの染みがどうしてついたのか知っている？」と尋ねるが、二人は「ぜんぜん知らない」と答える。

こういった場合には、子どもたち一人ひとりに「ソファーでジュースを飲んでいた人には、どんな罰を与えたらいいと思う？」と尋ねてみよう。ここでも、クラスタールールに従うことが肝心だ。そして、子どもが提案する罰の軽さに注意を払おう。もし息子が「一週間、パソコン禁止」と言い、娘が「一週間、グレープジュース禁止」と言ったとしたら、娘のほうにさらなる質問をすべきだろう。もう一つ注意すべきなのは、罪を犯した人は、懲罰に関する質問に対して、ときおり何も答えないという行動をとることだ。もしかしたら、娘は、何も答えないか、ほとんど聞き取れないような声で「わかんない」とつぶやくかもしれない。

●「意図せぬメッセージ」──のっぴきならない状況に陥ると、嘘をついている人は、返答していく過程で、自分が真実として知っていることを無意識に口にしてしまう。

●嘘をついている人は、常に質問者の印象を操作しようともくろんでいる。

You Don't Ask, You Don't Get

10 訊かなければ嘘は見抜けない

あらゆる真実は、見つかったあとでなら簡単に理解できる。
肝心なのは、真実を見つけることだ。

——ガリレオ・ガリレイ
〔イタリアの天文学者。一五六四～一六四二〕

一九九四年六月一三日の月曜日、午後一時三五分。ロサンゼルス市警察《LAPD》のフィル・ヴァナッター刑事は、テープレコーダーのスイッチを入れた。彼とパートナーのトム・ラング刑事が、ＬＡＰＤ本部庁舎〈パーカー・センター〉の取り調べ室で向かいあっていたのは、年のころ四〇代後半の男。その男はひどく疲れてやつれているように見えた。ヴァナッターとラングは、前夜男女二人が殺された事件を担当していた。めった刺しにされた被害者は、ニコール・ブラウン・シンプソンとその友人のロン・ゴールドマン。やつれた被疑者はＯ・Ｊ・シンプソン。元プロフットボール選手として活躍したあと俳優に転じた有名人で、ニコールとは二年前に離婚していた。ヴァナッターは、ミランダ権利〔権利の告知〕を読み上げて取り調べを開始し、シンプソンは、弁護士不在のまま刑事の取り調べを受けることを了承した。

さて、ここでいったん時間を止めよう。そして、この事件を担当し、シンプソンの取り調べを任されたのは、あなただったと想像していただきたい。あなたにはヴァナッターとラングが手にしていなかった（彼らのせいではないが）強みがある。それは、計り知れないほど役に立つ財産だ――あなたは〝メソッド〟を手にしているのである。シンプソンは回転椅子に座っている。この椅子は、彼の言葉によらない欺瞞行動を拡大して見せてくれるはずだ。彼の体の動きを観察するあなたの視線を遮るものは何もない。しかし、テープレコーダーのスイッチを入れて椅子に腰かけたあなたは、ある冷徹な事実に気がつく。メソッドの効力は、それを応用しながら行う質問にかかっているという事実だ。

あなたには、正しい質問をすることが不可欠だとわかっている。そして、この取り調べがとりわけ重要になることも。それは、シンプソンが被害者の元夫で、彼女との結婚生活中に家庭内暴力が報告されていたからだけではない。あなたはその朝、シンプソンの車〈フォード・ブロンコ〉の車内に血痕とおぼしきものを発見し、シンプソンの自宅を犯罪現場と宣言して、逮捕令状を取っていたからだ。さらには、シンプソンの手には絆創膏で覆われた怪しい切り傷があった。

取り調べを始めるにあたり、あなたがもっとも知りたい情報は「シンプソンは真犯人なのか」ということであるのは明らかだ。しかし急所を直接突く、そんな質問をしてしまったら、壁に突き当たる可能性がある。というのは、もしシンプソンが本当に真犯人であれば、彼はその質問がどのような形にせよ問われると予測しているからだ。そして嘘をつき通そうと決心しているとしたら、その目標を達成するには、たった一言口にするだけですむ――「やっていない」と。そうなったら最後、優位に立つのは彼のほうだ。

この事態を回避するには、シンプソンが予測している可能性が低い質問、そしてこちらが欲しい情報の提供を余儀なくさせるような質問をするというアプローチをとらなければならない。あるいは、このアプローチが失敗したときに、こちらが読み取れる欺瞞行為を引き出すような質問をすることが必要だ。さて、今度は刑事の帽子を脱ぎ、もしあなたが罪を犯したシンプソンだったら、そのとき頭を駆け巡っている思いがどのようなものだったかと考えてみよう。あなたは、悪夢のような状況にいる。昨夜、口にするのもはばかられるような恐ろしいことをしでかしてしまった。自分でもなぜそんなことをしたのかわからない。ただ自制心を失い、現実離れした瞬間に錯乱状態に陥ってしまったのだ。いまは死ぬほどおびえている。この時点であなたがとれる唯一の戦略は、捜査と法的プロセスがどのように進められるかを予測することしかない。そしていま、それらに一歩先んじようと必死になっている。あなたは取り調べのためにLAPD本部に召喚され、長年ニコールと問題を抱えていたために、有力な容疑者とみなされていることもわかっている。さらには、殺したのかと訊かれることもわかっているし、それについて「やっていない」と答えることも決めている。あなたはパーカーセンターに出頭し、刑事たちに取り調べ室に連れていかれ、ミランダ権利を聞かされる。さて、取り調べが次のように始まったと想像してみよう。

「O・J、まず、ここに来てくださったことに感謝します。快く応じてくれたことを、ありがたく思っています。お子さんたちのことが気がかりで、早くすませたいと思っていらっしゃることでしょう。ですから、伺いたいことはたくさんあるのですが、もっとも重要な件だけに絞って伺うことにします。O・J、私たちが訊かなければならない、もっとも重要な質問とは、昨夜、ニコールの家で何が起きたのか、ということです」

沈黙。あなたは、この質問を処理しなければならない。意表を突かれた質問だったということもあるが、処理が必要な理由は、された質問のタイプにある。「昨夜、ニコールの家で何が起きたのか」という質問は〝推定質問〟、すなわち、問題に関するなんらかの推定のもとに行われる質問だ。この例では、シンプソンがニコールの家にいたこと、そして彼がまだ明らかにしていない情報を握っていることを推定して問われている。

大事なのは、推定質問を〝誘導尋問*〟と混同しないように気をつけることだ。誘導尋問とは、決めつける言い方をして答えを促す質問である。たとえば「あなたは昨夜、ニコールの家にいましたね？」と問うのがその例だ。

推定質問が威力を発揮することを理解するために、ここで〝罪を犯したシンプソン〟の帽子を脱いで、〝無実のシンプソン〟の帽子をかぶってみよう。もしあなたが無実で、同じ質問をされたとしたら、あなたには返すべき答えがすぐにわかるはずだ――つまり、躊躇するようなことはしないだろう。こんなふうに言うかもしれない。「私が知っているのは、彼女が殺されたということだけです」。

けれども〝罪を犯したシンプソン〟の帽子をかぶっているときには、あなたはこの質問を処理しなければならない。あなたは、刑事が知っている可能性のある事実を推測し、それが作戦にどんな影響を与えるかを見きわめなければならないからだ。

これには時間がかかるため、しばらく口をつぐむ。そして、返事の仕方を考える時間を稼ごうとするだろう。

あなたはこんなふうに答えるかもしれない。「昨夜、ニコールの家で何が起きたのかって？　何が起きたのかと訊いているんですか？　なんで私にわかるんです？　昨夜は、まったくその近くにいなかったのに！」

さて、また刑事の帽子をかぶる時が来た。この時点で、シンプソンは自分の作戦は完璧だと考えている可能性が高い。だとすれば、あなたがすべき次の質問とは何だろう？　もしかしたら、本能的に「昨夜はどこにいたんですか？」と訊きたくなるかもしれない。しかし、これには潜在的な問題がひそんでいる。その問題は「あなたがやったんですか？」と訊いたときに生じる問題と同じだ。つまり、シンプソンはほぼ確実に、この質問を予測している。そして、答えをすでに用意しているはずだ。もしそういった質問をしたら、その答えを駆け引きのテーブルに乗せるチャンスをシンプソンに与えてしまうことになり、あなたは彼に作戦を遂行させ、自らを難しい立場に追い込んでしまうだろう。では、そうする代わりに、昨夜ニコールの家で何が起きたのかという質問にシンプソンが嘘の返事をしたあと、次のような質問をしたとしよう。

「わかりました。O・J、了解です。説明させていただきたいのですが、これが重要事件であるのは、もちろんあなたが有名人だからです。できる限り多くの捜査員を投入してほしいと思われていることはよく承知しています。必ずそうするとお約束しましょう。私たちはいま、事件解決のために、使える限りの資源を活用している最中です。実際、いまこうして話している間にも、捜査員がニコールの家の付近をくまなく捜査して情報を収集しています。O・J、近隣住民の誰かが、昨夜あなたを近所で見かけたと言う可能性はありますか?」

ふたたび沈黙。前の質問と同じように、あなたはシンプソンに処理モードをとらせたのだ。今回あなたがした質問は、私たちが〝おとり質問*〟と呼ぶもの、つまり、仮定に基づく質問で、これは「心を操るウイルス*」と呼ばれる心理学的作用を生じさせる。あなたもおそらく、心を操るウイルス*に捉われた経験があるだろう。

たとえば、月曜日に出社したところを想像していただきたい。そのとき同僚がやって来て、こう告げたとする。「ボスが、すぐ来るようにって」。あなたは同僚に何のためだと訊くが、彼は「わからない。でもボスは〝すぐに〟と言ってたよ」と言う。あなたは、きょうこそ、ずっと待ち望んでいた昇給が現実のものになると思って興奮するだろうか? おそらくそうはならないだろう。それよりきっと、何かうまくいっていないことがあるのではないか、そうだとしたら、何が問題なんだろうと考え始めるにちがいない。こうしてウイルスが蔓延し始め、頭の中でさまざまなシナリオが渦を巻きはじめる。可能性のある問題は何だろう、どうやってそれぞれの問題に対処すべきだろうかと。そして、それぞれの状況がもたらす悪い結果について考え始める。こうしてあなたの心には、あっという間にウイルスがはびこってしまう。

人は、このウイルスに操られた考えのもとに決定を下すことがよくある。〝おとり質問*〟は、仮定に基づく質問を投げかけることによって、この事実を利用するものだ。非常に効果的な質問は「○○という可能性はありますか?」と訊くもの。漠然とした訊き方をすればするほど、心を操るウイルスが強力に働くことに注意されたい。言いかえれば、明示的な質問をすると、相手に内容を吟味するチャンスを与えてしまう。たとえば、もしシンプソンに「ニコールの隣に住む人が、あなたを見たと言う可能性はありますか？」と尋ねたとしたら、うまく言い抜けるチャンスを彼に与えてしまうことになる。もしかしたらシンプソンは、たまたま隣の住人が留守にしていたことを知っていて、すぐに「ない」と答えるかもしれないからだ。そのため、この質問は漠然とした問い方をするほうが有効だ。

さて、おとりと〝はったり〟は、混同しないように気をつけなければならない。ハリウッド映画とは裏腹に、はったりがうまくいくことはまずない。

ここで、刑事の帽子をかぶって、シンプソンにこう言ったとしよう。「昨夜、ニコールの家の近所であなたを見かけたと言っている人がいます」。O・Jはあなたがはったりを言っていると見抜くかもしれないし、そう強く疑うかもしれない。だとしたら、「それは誰です？」と訊くだろう。その情報を明かすのを渋ったり拒否したりしたとたん、あなたは彼の敵になってしまう。相手の協力を引き出すどころか、あなたの利益と彼の利益のギャップは広がりかねない。一方、おとり質問から逸脱しないようにすれば、あなたの立ち位置は盤石になる。

もしシンプソンが犯人だとしたら、「近隣住民の誰かが、昨夜あなたを近所で見かけたと言う可能性はありますか？」という質問に、彼はどう答えるだろうか。その可能性を認めたほうが有利になると思って、こんなふうに言うかもしれない。「ときどきその近所を通ることがあり、子どもたちの様子を見に立ち寄ることもあります。いま考えてみると、昨夜、近所を通りました。でも家には明かりがついていなかったので、そのまま通り過ぎたんです」。もしシンプソンがこう答えたとすれば、あなたはたった二回質問しただけで、すでに彼が真実を述べていないことについて、かなりの確信を抱くことができる。おまけに犯罪現場の近くにいたことさえ突き止めることができる。彼はまだ自白したわけではないので、あなたは完全に有利な立場に立ったわけではないが、それでも、成果は着実に上がっていると言えるだろう。

推定質問と〝おとり質問〟のすばらしいところは、どんな面から見ても、その状況の事実にまったく反しないことだ。さらには公平でもある。嘘をついていないのなら、質問を処理せずに答えを出せばいい。もしシンプソンがニコールの家の近くにいなかったのなら、彼は「ない」とだけ言えばいいのだ。

推定質問と〝おとり質問〟には、ともに非常に高い効果を発揮すること以外にも、いくつか共通点がある。まず一つは、両方とも、情報を収集する際、無制限に使えるわけではないことだ。使いすぎると、こちらが何をしようとしているのかを相手に見透かされてしまう。そうなると相手は守りを固め、あなたのことを、自分をひっかけたり、望まぬ方向に導こうとしたりしている敵だとみなすだろう。私たちは経験から、推定質問と〝おとり質問〟を使うのは、通常それぞれ、一時間の面接の間に二、三回を超えて使うべきではないと考えている。

もう一つの共通点とは、どんな質問であろうとも常にできるかぎり中立的に相手に投げかけるべきであるのは当然だが、推定質問と〝おとり質問〟をする際には、このことがとりわけ重要になるということだ。というのは、個々の質問にどう答えるかについて先入観を持っていないと相手に思わせる必要があるからだ。この中立性は、質問するときの言い回しや、質問する口調や態度を通して相手に伝わる。したがって質問は感情を交えず淡々と相手に伝えること、そして質問のどの部分であっても強調するようなことはせずに伝えることが肝心だ。

中立性がことさら重要になる理由はもう一つある。それは、質問の答えに欺瞞指標が含まれた場合、それが質問の内容自体から引き出されたものであって、質問の仕方から引き出されたものではないことを確実にしたいためだ。相手が嘘をつき通そうと決めている場合、その嘘の行動は、推定質問と〝おとり質問〟に対する答えのなかで増幅される傾向がある。さらには、相手に作戦を変更させ、あなたにいくらかの情報を提供しようと思わせる効果を発揮することも多い。シンプソンは、もともとの作戦として「いや、私はやっていない。私は何も知らない」と言い通すつもりだったかもしれない。しかしいまや彼は、「昨夜、ニコールの家で何が起きたのか」という質問に対して、未だに自分がやったと認めたくはないものの、自分をもっと協力的に見せるために提供できる情報はないかと考えだすかもしれない。いったん相手が情報を提供したいというモードに入れば、他の情報を探るためのドアが開かれることがよくある。

O・J・シンプソンの実際の取り調べ記録からの抜粋

一九九四年六月一三日の午後にヴァナッター刑事とラング刑事によって行われた取り調べは約三〇分間だった。刑事たちはまず、シンプソンにニコールとの関係を尋ねることから始め、四分間ほど経過したのちに、前夜のことを質問し始めた。これから示す実際の取り調べ記録からの抜粋は、この四分が経過した時点からのものである。

ラング　フィル、どう思う？　昨夜のことについて訊いたらいいと思うんだが。
ヴァナッター　そうだな。ニコールを最後に見たのはいつでしたか？
シンプソン　私たちはダンスの発表会から帰るところでした。彼女はその場を去り、私は彼女の両親と話をしていました。
ヴァナッター　ダンスの発表会はどこで開かれたんですか？
シンプソン　ポール・リヴィア高校です。
ヴァナッター　それは、お子さんの発表会だったんですか？
シンプソン　娘のシドニーの発表会です。
ヴァナッター　昨日の何時ごろのことですか？
シンプソン　六時半か六時四五分ごろ、終わったのはそのぐらいの時間です。だいたいの時間ですが。そんなものだったと思います。そのあとみんな帰りました。
ヴァナッター　みんなとは？
シンプソン　彼女と彼女の家族、彼女の母親と父親、姉妹、私の子どもたち、ですよ。

これを見ておわかりのように、もしシンプソンが罪を犯していたとしても、彼は一度として優位な立場を失っていない。彼は「ニコールを最後に見たのはいつか」という、ほぼ確実に予測していた質問の答えをおそらく用意していて、自分の答えを押し通すことができた。そのあとの一四分間、シンプソンは快適に操縦席にとどまり、質問にすらすらと答えていった。なされた質問は、運転していた車、ガールフレンドのポーラ・バービエリのこと、ゴルフトーナメント出場のための一泊旅行について、手の切り傷、ニコールとの関係に関わるさらなる質問、前夜着ていた服、そして多忙なスケジュールに関するものだった。取り調べ開始後一八分ほどたった時点で、シンプソンの多忙なスケジュールについて尋ねていたヴァナッターは、急に話題を変えた。

ヴァナッター　O・J、ちょっと問題があるんですが。
シンプソン　え？
ヴァナッター　あなたの車の車体と車内に血痕を発見したんです。あなたの家にも血痕がありました。これはちょっと問題です。
シンプソン　それなら、私の血液をとってください――検査してください。
ラング　ええ、そうしたいと思っています。もちろん、あなたがどうしてできたのかよく覚えていない指の切り傷のことがあります。最後にニコールの家にいたときに、その切り傷があったかどうか思い出せますか？
シンプソン　（しばらく考えてから）一週間前に？
ラング　そうです。
シンプソン　いや、昨夜のことです。
ラング　わかりました。では、切ったのは昨夜なんですね？
ヴァナッター　発表会のあとのどこかの時点で？
シンプソン　私の自宅から大急ぎで出ようとしていたあたりです。
ヴァナッター　わかりました。発表会のあとですね？
シンプソン　そうです。

ヴァナッター　何が起きたんだと思いますか？　何か思いあたることがありませんか？

シンプソン　まったくわかりませんよ。警察は、何も私に教えてくれていません。何が起きたのか、まったくわからないんです。警察が……そして娘もきょう私に言ったんです。誰かほかの人が関わっている可能性があると。私には、何が起きたのかまったくわかりません。何がどうやって、なぜ起きたのかまったく知らないんです。というのは、警察が何も教えてくれないからですよ。私が訊くたびに、もう少ししたら教えてくれると言うだけで。

ヴァナッター　私たち自身もそういった質問の答えのほとんどは知らないんですよ、O・J、いいですね。

「昨夜、ニコールの家で何が起きたのですか？」という推定質問で取り調べを始める代わりに、刑事たちはシンプソンに、一八分もの間、安全に自分の思い通りに話をさせ、そのあとで鍵を握る質問を「何が起きたんだと思いますか？　何か思いあたることがありませんか？」という〝意見を求める質問〟*という形で尋ねた。こうしてシンプソンは窮地を脱してしまった。つまり、ヴァナッターがした質問の仕方では、〝シンプソンは昨夜ニコールの家におらず、したがって彼は何が起きたのかを推測するしかない〟ことが前提になってしまっている。そのおかげで、シンプソンは「まったくわかりません」となんなく答えることができた。この答えのあと、刑事たちはさらに不利な立場に追い込まれる。残りの一二分間には、有意義な情報はほとんど得られなかった。

正しい質問をしていれば、取り調べのまさに初日に決定的な自白を引き出せていたのではないだろうか。その答えは永遠の謎だ。しかし、誤った質問が問われるとどうなるかについては、はっきりしている。

明確な刺激を与えるために

メソッドの効力は、それを応用しながら行う質問にかかっていることを思い出していただきたい。あなたが分析しようとする行動は、刺激*——あなたがする質問——に対する直接の反応なのだから、刺激を与える方法が、分析結果の正確さと有益さに重大な影響をもたらすのは必至だ。質問を考える際に、それをできるかぎり明確なものにするために覚えておくべき四つのヒントを次に紹介しよう。

●**短くしよう**——質問の長さは、極力短くするように努めよう。第3章で述べたように、相手はあなたが話す速さの一〇倍の速さで考えを巡らせている可能性が高い。そのため、相手の作戦が質問に答えるのを避けることや、あなたを誤った方向に導くことだった場合には、だらだら長引く要領を得ない質問をすると、相手の思わくにはまってしまう危険がある。

●**簡潔にしよう**——知的レベルを誇示するために複雑な構文や高尚な語彙を使う人がいるが、この罠にははまらないように気をつけよう。もし相手があなたの質問を完全に理解できなかったら、その答えは不透明なものになる可能性が高い。さらには、たとえ相手が嘘をついたとしても、それを促したのは単なる混乱だったということにもなりかねない。

●**曖昧な質問*は避けよう**——質問が曖昧な場合、相手がどのように質問を理解したのかを知るすべはない。欺瞞行動を目にしても、それが何に対する反応なのかがわからなくなってしまう。それはあなたが関心を持っていることに対して反応したものかもしれないし、本質的に無関係なことに反応した結果かもしれない。

●**率直に尋ねよう**――率直に対応すればするほど、相手があなたを信頼して協力的になる可能性は高くなる。もちろん、もともと信頼関係が築けないような状況というものも、なくはない。ポリグラフ検査官としての私たちの経験を合計すると数十年分にもなるが、検査室に足を踏み入れた被検者に「検査が楽しみだ」とか「ここに来られてうれしい」とか言われたことは、ただの一度もない。最大の賛辞は、ある時点で被検者に「ポリグラフ検査官としては、あんたはそれほど悪くないね」と言われることだ。誠実かつ率直に相手に接すれば、その時点に至るチャンスは大いに高まる。

＊　＊　＊

推定質問がどれほど効果を発揮するかを示すために、フィルが最初にこの質問を活用したときの話を紹介しよう。彼はいまでも、そのときのことを鮮明に覚えている。それはフィルが初めて手がけた採用面接だった。応募者は男性看護師――ここではトムと呼ぶことにする――で、規制薬物を盗んだ疑いにより前の病院をクビになっていた。勤務していた階で薬物の紛失が相次ぎ、捜査が行われた結果、トムがもっとも疑わしいとされたためである。取り調べの間じゅう、トムは関与を全面的に否定し、いまや、新たな病院の職に応募してきたのだった。トムの背景情報と行動を調べたフィルは、おそらく彼は以前の取り調べで嘘をついていたと疑い、この採用面接では「あなたは紛失した薬物を盗みましたか？」という質問ではなく、「病院から紛失した薬剤のうち、あなたが盗んだものはどれだけありますか？」という推定質問をすることによって、面接を始めることにした。

トムはしばらく黙ってしまった。明らかに質問を処理するために。おそらくこう考えていたのだろう。「この男が知っている、警察が見つけ出した事実とは何だ？」結局フィルは、それ以上トムを促す必要はなかった。ただそこに座って辛抱強く返事を待っていただけで、薬物のほとんどを盗み出した事実を打ち明けることをトムに決心させたのだった。

フィルはこの面接を通して、推定質問がうまくいったのは、それをきわめて控えめな、感情を交えない口調で伝えたからだという事実を学んだ。そうしたために、トムは気分を害することも、腹を立てることもなかった。私たちは経験を通して、嘘をついている人が推定質問に対して怒ったり憤慨したりするのは、質問者をたじろがせるための戦略としての見せかけの怒りであることが多いことを学んだ。一方、真実を述べる人は、推定質問をされても気分を害さない。なぜなら、そういった人たちには、質問者がただ任務を遂行しているだけだということがわかるからだ。だから、推定質問をするのをためらう必要はない。ただし、控えめで中立的な姿勢をとって相手に問うことが重要だ。

さて、もしトムが自白していなかったら、何をすべきだったろう？　その場合にフィルが次にしようとしていた質問は、「前の仕事を辞めてから、紛失薬剤にあなたが関わっていたことを示す新たな情報が浮上した可能性はありますか？」という〝おとり質問〟*だった。おそらくこの質問への答えは、トムの作戦が何であるかを明らかにしたにちがいない。もし推定質問に対するトムの答えが「前に捜査官に言ったように、ぼくは一切関与していない」というようなものだったとしたら、その答えによって、トムの作戦は以前の取り調べでうまくいったことにしがみつくつもりだったことがフィルにはわかっただろう。〝おとり質問〟の目標の一つは、相手の作戦を変えさせることだ。

活用できる質問のタイプは多岐にわたるが、本書の目的に沿い、ここではメソッドを応用するときに最も役立つ質問について検討することにしよう。推定質問と〝おとり質問〟については、かなり詳しく述べてきたので、これからは、ほかのタイプの質問について見ていきたい。

人に何かを訊ねるときの最良の質問形式は「自由回答形式《オープンエンド》*」で、もっとも避けるべきなのは「限定回答形式《クローズドエンド》*」だとよく言われる。その理由とされるのが、自由回答形式の質問は一連の情報の流れをもたらすのにひきかえ、限定回答形式の質問*ではこの流れが遮られて一滴の情報しか手にできなくなるというものだ。しかし、だからと言って、はたして自由回答形式の質問のほうが本質的に優れていると言えるだろうか？

たとえば、現金が入っている封筒を見せられ、「額が言い当てられたら、そっくりそのまま進呈しよう。それについての質問はいくらしてもいい」と言われたとする。唯一の条件は、自由回答形式の質問に限るというもので、限定回答形式の質問は問うことができない。おそらくあなたは、自由回答形式の質問を永遠にだらだら続けても正解できないことがわかり、怒り心頭に発してあきらめるにちがいない。

実のところ、どんな質問形式も、常に最良であるとは限らないのだ。なぜなら、最良の質問とは、置かれた状況と、手に入れようとしている情報のタイプに応じてその都度異なるからである。自由回答形式の質問がもっとも役に立つのは、話すことになるトピックの土台として使う情報を収集するときだ。そしてその効果を最大限にするには、追加のステップが必要になる。

たとえば、あなたが警察官だったとして、ある自動車事故の現場に呼び出されたとしよう。現場に到着すると、交差点で二台の車が衝突している。一台はダンという男性の車、もう一台はダナという女性の車だ。ダンとダナは鼻を突き合わせて、互いに相手をののしっている。あなたは二人の間に割って入り、ダナをまず脇へ連れ出す。あなたは基本的な情報を集めなければならないが、それを提供してくれるのが自由回答形式の質問だ。そこで最初の質問は次のようなものになる。「何が起きたんです？」

ダナはこう答える。「メインストリートを走っていて、交差点に来たとき、信号が赤だったから停まったの。それから二〇秒ぐらい経って信号が青になったから、直進したわ。そしたら、この人が突然現れて、車をぶつけてきたのよ」。

さて、この情報はこれからの作業の土台になるため、できるだけ確かなものにしたい。そこで、あなたはダナの話の中に分け入り、何か重要なもの――理想的には、彼女が話したもっとも重要な事項――を見きわめて、それをテストすることになる。それを行うもっとも有益な方法は、特定の事実を提供してくれる限定回答形式の質問をすることだ。おそらくここでもっとも重要な情報とは、彼女が交差点に進入したときの信号の色だろう。そこで「交差点に進入したとき、信号の色は何色でしたか？」と限定回答形式の質問をすると、ダナはこう答える。「もう言ったでしょ。青信号だったのよ。私は二〇年も運転している。事故なんて一度も起こしたことないわ」これであなたは、「すでに話したことへの言及」という欺瞞指標一個と「説得力のある発言*」という欺瞞指標二個を手にしたわけだ。これこそ〝嘘をスパイする瞬間〟であり、あなたは、ダナについてさらなる仕事が必要になったことを知る。

質問をするときは、いつも必ず〝Lの二乗モード〟をとるよう心がけよう。限定回答形式の質問をした場合は、すぐに答えが返ってくる可能性があり、もしその瞬間に欺瞞行動を見つけられたとしたら、それはきわめて貴重な情報になる。だから、限定回答形式の質問をしても、何も悪いことなどないと覚えておこう。適切に使えば、限定回答形式の質問が情報の流れを遮ることはない。むしろ強めることになる。

情報収集プロセスで重要となるもう一つの質問タイプは、「意見を求める質問」だ。すでに第9章で「懲罰に関する質問」（「こんなことをした人には、どんな罰を与えるべきか？」と問う質問）について検討したが、これは、とりわけ有益な「意見を求める質問」の一例だ。相手に意見を求めるときには、常にメソッドを使って、その反応を探ろう。そうすれば、相手がその意見を本当に信じているのかどうかを見きわめるのに役立つだろう。

紹介したい質問タイプの最後のものは「網羅的質問*」だ。これは、「省略による嘘*」を暴くために編み出された質問形式で、何らかの問題を見逃してしまった際のセーフティーネットとしても働く。面接や取り調べにおいて、この網羅的質問の使用を考慮すべき時点は二つある。一つは、面接中に関心のある特定のトピックを締めくくるとき。たとえば「この人とあなたの関係について訊くべきことで、まだ私が取り上げていないことは何ですか？」といった質問ができる。もう一つは面接を終了する時点で、まだ浮上していなかった関連情報を大きな網を投げてすべてから め取るために使う場合だ。たとえば「私が知っておかなければならない情報で、まだ話していないことがありますか？」といった質問である。スーザンが面接した求職者を覚えているだろうか？ 脚フェティシズムを満足させるため、奥さんに睡眠薬を飲ませた男だ。この質問がどんな秘密を暴くことになるかは誰にもわからない。

ほかには？

おそらく、情報収集プロセスにおけるもっとも重要な段階は「ほかには？」という単純な質問をするときだろう。この言葉は、情報を選択的に明かすのは容易ではないという感覚を相手に抱かせる。この質問はまた、フォローアップの質問の重要さを示す良い例でもある。もう一つ重要なのは、訊き直すことだ。もし相手が言ったことで、完全に理解できないことがあったときは、そのままにして次の質問に移るのではなく、必ず訊き直して理解しよう。たとえ、聞きなれない頭文字といったような単純なことでも、必ず確認すること。知らなければ必ず訊こう。あとで訊くチャンスはないかもしれないのだから。

実のところ、質問のフォローアップをすべき時と、その方法を知っているか否かは、面接の成功を左右しかねない。そこで、面接時の武器として常にそなえておくべきフォローアップ質問のいくつかを次に紹介しよう。

- **評価**――相手が明かした情報をテストするために使用するフォローアップ質問
  「なぜ、そう言うのですか？」

  「それが真実だと、どうしてわかるのですか？」

  「その情報は何に基づいているのですか？」
- **探求**――さらなる情報を得るために使用するフォローアップ質問

「ほかには？」

「もっと話してください」

「意味がわかりません」

●**訊き直し**――相手が明かしたことを完全に理解するために使用するフォローアップ質問
「あなたが言っている〝ザム〟とは、どっちの男のことですか？」

「あなたがその場からいつ立ち去ったのか、もう一度教えてください」

「あなたがそこにもっと長くとどまっていた可能性はありますか？」

質問のタイプ

■**自由回答形式の質問**――話の土台となる情報を得るためや問題を探るために使用する質問
(例)「きのう事務所についたあとに何をしたか教えてください」

■**限定回答形式の質問**――個々の事実を探るために使用する質問
(例)「きのうシェリーさんのパソコンにログインしましたか？」

■**推定質問**――あることが事実だとわかっていると推定して行う質問
(例)「ネットワーク接続されているパソコンのうち、自分のもの以外でログインしたのはどれですか？」

■**おとり質問**――〝心を操るウイルス〟を引き起こさせるために、仮定の状況を構築してする質問

(例)「あなたの同僚が、きのうあなたがシェリーさんのパソコンの前に座っていたのを見たと言う可能性はありますか?」

■**意見を求める質問**——相手が特定の問題についてどう感じているかを判断するのに役立つ質問

(例)「会社が導入した新しいインターネット接続規則について、どう思いますか?」

■**網羅的質問**——省略による嘘をあばき、セーフティーネットとして働く質問

(例)「私が知っておくべきことで、まだあなたに質問していないことがありますか?」

避けるべき質問

■**否定形で問う質問**——否定を含む質問をすることは、あなたが「ノー」という返事を容認しようとしているという印象や、そういった返事を期待しているという印象さえ与えかねない。

(例)「シェリーさんのパスワードはご存じないですよね?」

■**答えが複数になる質問***——一回の質問に複数の問いが含まれていると、質問のどの部分が欺瞞行動を引き起こしたのか確定できなくなることが多い。このような質問はまた、一部の質問にだけ答える余地を相手に与えてしまう。その場合は、少なくとも一つの質問には相手が返事をしていないという事実に注意を払うことが必要だが、相手が一部の質問だけに長く詳しい反応を示した場合には、そういった注意を払うことが困難になる。

(例)「きのう事務所に着いたのは何時ですか、そしてどれぐらいの時間、そこにいましたか?」

■曖昧な質問——曖昧な質問は、相手に自由に答える余地を大幅に与えてしまう。相手は、あなたに協力しないようにするために、どのようにも返事を選べる。

例「何が起きているかについて、あなたの意見を少し聞かせてくれますか?」

●メソッドの効力は、それを応用しながら行う質問にかかっている。

●「おとり質問」——仮定に基づく質問。「心を操るウイルス」と呼ばれる心理学的作用を生じさせる。漠然とした訊き方をすればするほど効果が高まる。

●「推定質問」と「おとり質問」は一時間の面接に二、三回にとどめ、質問は中立的で、感情を交えず淡々と伝えることが大切。

Managing Deception to Gain the Advantage

11 嘘をかわして主導権をにぎる

一度嘘をついてしまうと、二度目、三度目にはつくのがもっと楽になり、ついには習慣化してしまうものだ。

――トマス・ジェファソン
〔第三代アメリカ合衆国大統領。一七四三～一八二四〕

イタチごっこが始まったのは、パーカーセンターの取り調べ室でヴァナッター刑事がテープレコーダーのスイッチを入れたときだった。そのとき優位に立っていたのは、手に怪しい切り傷のあるやつれた男のほうだったろうか、それとも、すでに男の自宅の捜査令状がとれるほど十分な証拠を手にしていた二人のベテラン刑事のほうだったろうか。断然優位に立っていたのがO・J・シンプソンだったという事実は、どこか腑に落ちない。しかし、その理由は簡単だ。そしてそれは、嘘を暴きだそうとしている状況では、誰もが直面する現実である。

実のところ、質問を始めるときに優位な立場に立っているのは、常に相手のほうだ。なぜなら、情報をにぎっているのは相手のほうだからである。相手はこちらが知らなければならない事実を知っているが、こちらにはそれがわからない。そんな状況のなか、優位に立とうとしてイタチごっこを始めるあなたは、私たちが〝崖っぷちの瞬間〟と呼ぶ心理学的な考え方に大いに助けられることになる。明らかにしたくない情報を抱えている相手は、取り調べにあたり「これとこれは話してもいいが、あれについては一言も話せない。もしあれを口にしてしまったら一巻の終わりだ」と考えることだろう。言わば、崖っぷちに立っていて、もう一歩前に出たら、お陀仏になってしまうところにいるのだ。そのため「ここまでしか話すことはできない」と自分に言い聞かせている。

相手がこうして作戦を練る間に、こちらも作戦を練らなければならない。その作戦は、行動心理学者が「心理的固着化《サイコロジカル・エントレンチメント》」*と呼ぶ行動を相手に取らせないような形で進めることが必要だ。

取り調べを始める際、相手はおそらく、話す内容についてあらかじめ考えてきていることだろう。そして、その話をしたい理由があるはずだ。質問に対する無実の人の反応が「イエス」でなければならないときに、「ノー」という答えが返ってきたら、相手は嘘をついており、そうしなければならない理由がある。そんな相手が同じ質問にふたたび答えなければならなくなると「心理的固着化」*が始まり、自分の意見にしがみついて嘘をつき通さなければならなくなる。そうしなければ、嘘つきであることがばれてしまうからだ。こうして、あなたが質問をたたみかけるたびに、相手は嘘を口にすることになる。そしてその都度、その嘘は「固着化」され、相手の立場もいよいよ有利になる。あなたのほうでは、白状するように促したりプレッシャーをかけたりしているつもりでも、実際には自ら墓穴を掘っているのだ。「ノー」と言うチャンスを与えれば与えるほど、相手は楽に嘘がつけるようになる。

聴き取りを行う際には、「唇が動いているんだから、嘘に決まっている」〔いつも嘘をついているのだから、話をしているということは、嘘をついているということだという意味」というシニカルな態度で臨んでも、何も得るところはない。とはいえ、もし相手が嘘をついているのだとすれば、できる限り「唇を動かす」チャンスは与えないほうがいい。つまり相手が嘘をつく回数はできるだけ減らしたほうがいいのだ。それでも、実際に相手の嘘に直面したときには、うまく処理することが必要になる。それを可能にし、有利な立場に立つために面接で使えるテクニックをこれから紹介しよう。

否定形の質問*を避ける

どんな人でも否定形の質問をすることはある。ときには本能的にそういった質問をしてしまうこともあるだろう。否定形の質問をしがちなのは、予想していなかった答えが返ってきたときだ。たとえば、誰かに「速度制限を超えて運転したことがあるかい?」と尋ねたとして、「いや、一度もない」というような答えが返ってきたら、これは予想外の答えなので、「速度制限を超えたことが一度もないのかい? 本当に一度もないのかい?」というような受け応えを自然にするだろう。相手が一度何かを言い張ったときに、このように否定形の質問を返すと、心理的固着化を助長してしまうことに注意しよう。

重要な質問をする前に〝前置き*〟をする

ここで言う〝前置き〟とは、質問する前に一言添える短い説明のことだ。その目的は、情報を引き出しやすくすることにある。もし相手が塀の上にいて、どちら側に降りようか——つまり、あなたに情報を伝えるか伝えまいか——と迷っているようなときには、前置きを述べると、あなたがいるほうの側に降りる気持ちにさせることができる。前置きの例を一つ挙げよう。

次に訊かなければならない質問は薬物使用に関することです。さて、本題にとりかかる前に、なぜこの質問をしなければならないのか、そして私たちが探しているのは何なのか、一言説明させてください。まず、薬物をちょっと試したことがあるというような人が大勢いることは、私たちにもよくわかっています。そういった人たちについては、たいして気にしていません。気がかりなのは、深刻な薬物の問題を抱えている人たちがいるのではないかということです。

このちょっとした独演に含められる要素はいくつかある。その一つは「正当性の表明*」だ。これは、〝質問をする理由は、それが解決を導くために欠かせない重要なステップであるからだ〟という説明である。質問することの重要性を説くという単純な行為が、相手の反応と協力を引き出しやすくすると聞くと意外に思われるかもしれない。だが、そこには、ある興味深い人間の行動特性が作用している。

アリゾナ州立大学のロバート・チャルディーニ教授は、著書『影響力の武器』（誠信書房）で人々がとる自動応答パターンについて説き、こういったパターンは、人間の行動においてはごくふつうに見られることを示した。その例として紹介されたのが、コピー機を使用する人の列に割り込む実験だ。割り込もうとした人が「急いでいるので」と理由を説明したときには、割り込み成功率は九四％だった。しかし、何も理由を説明しないで割り込もうとしたときには、成功率は六〇％に低下した。驚くのは「コピーをとらなくちゃならないので」などという、実質的に無意味な理由を伝えた場合でも、成功率が九三％に戻ったことだ。たとえ内容を伴わない説明であっても、人は正当性の表明に反応してしまうのである。

「理屈付け*」も〝前置き〟に使える有益なテクニックだ。「完璧な人などいない」とか「誰だって間違いは犯す」などと言うことによって、ある行為が社会的に容認されうる理由を伝えることは、相手を質問に前向きに反応させるうえで絶大な効果を発揮する場合がある。

同様に「最小化*」も心理的固着化を防ぐ効果的なツールになる。たとえば、「みんな、この件を大ごとにしたくないと思っているんですよ」というような前置きを使うことができるだろう。ただし、相手を偽の情報でまどわすことのないように注意が必要だ。たとえば、犯罪に関わる行為の取り調べを行うような際には、犯した行為が犯罪ではないと言外に匂わすようなことは絶対にしてはならない。

前置きとして使うことができる最後の要素は「責任の転嫁*」だ。たとえば、ある企業の不正会計について取り調べる際には、次のような前置きを述べることができるかもしれない。「こうした件の本当の問題とは、当局が十分な時間を割いて正しい手続きを説明していないことが原因になっていることがよくあるんですよ。その結果、とんでもないことが起きてしまうことがあるんです」

ただし、前置きは使いすぎないこと。もっとも重要なトピックで鍵となる質問に使えるようにとっておこう。

心理的アリバイの崩し方

質問をしたときに、「覚えていません」とか「記憶にありません」などという答えが返ってくると、歯がゆい思いをさせられるものだ。第5章で述べたように、選択的記憶は問題になる。というのは、アリバイとして使われたら、それを崩すのがきわめて難しいからだ。何かを思い出せないということは、明らかに正当な行為であり、質問にもよるが、「私の知るところではありません」という答えが、もっとも適切かつ真実の反応であることは大いにあり得る。

メソッドを応用して、情報を隠すためにこのような発言を利用しているという根拠が得られた場合には、相手に心理的固着化を生じさせないことがきわめて重要になる。「そんな重要なことが思い出せないはずはないだろう」と訊き返したくなるかもしれないが、それをやってしまうと、相手はますます自分の意見を主張して、踏みとどまらざるを得なくなる。したがって、ここであなたがすべきなのは、相手の作戦を変更させることだ。

これを可能にする非常に有益なテクニックは、フォローアップの〝おとり質問〟*をするというものである。たとえば、ある特定の人物に会ったことがあるか、という質問に対して「覚えていません」という答えが返ってきたとしたら、「あなたたち二人が一緒にいるところを見たと言う人が出てくる可能性がありますか？」と訊くことができる。

効果を発揮することがよくあるもう一つのテクニックは「可能性に関する質問」をすることだ。たとえば、「かなり前のことだとは思いますが、あなたがた二人が出会っていた可能性はありますか？」というような質問である。この質問は必ずうまくいくとは限らないものの、人は、相手に難題をふっかけられたときには、そうと察するものだ。つまり、何らかの可能性がまったくないと言い張ることは、覚えていないと言ったことと矛盾してしまう。相手が可能性を認め、この最初のハードルが越えられれば、可能性に関する戦略をさらに使うこともできるし、可能性を現実に移して「わかりました。では、その出会いについて覚えていることは何ですか？」と質問する余地も生まれる。

質問の焦点を拡げる

有益な情報をさらに数多く引き出すために利用できる強力なテクニックで、常に使用すべきテクニックでもあるのは、相手が範囲を狭めた答えを返せないように質問の焦点を拡大することだ。もし相手が欺瞞モードをとろうと決めているとしたら、その人の目標とは、あなたに真実とは異なることを信じさせることだろう。そんなとき、特定の質問をして話のフォーカスを拡げれば、相手の答えの流れを、さらに多くの情報をもたらすような流れに変えることができる。

ＣＩＡで採用面接を手がけていた際、私たちは「いままでに一度でも違法薬物を使ったことがありますか」という質問をよくした。それに対して返ってくる典型的な答えは「一度、大麻を試してみたことがあります」というようなものだった。このような答えを手にすると、相手の主張を受け入れたうえでする質問——「それはいつのことでしたか？」とか「誰と一緒に試してみたのですか？」など——をしたくなる。しかし、そうしてしまうと、相手を身構えさせて心理的固着化を招いてしまうため、かえって自分を不利な立場に追い込んでしまう。ここですべきなのは、相手に真実の話をさせること、しかもこちらを敵だと思わせずに情報を追求できるような方法で、そうさせることだ。

質問のフォーカスを拡大すれば、前述した〝崖〟の向こう側にあるものを探ることができる。つまり、峡谷に潜んでいる真実、あるいは相手が引いた砂上の境界線の向こう側にある真実を探ることができるようになるのだ。これを可能にするには、相手のもともとの主張を明確に把握しなければならない。この例で言えば、「一度、大麻を試してみたことがあります」という主張だ。すぐにこの答えをフォローしたいという思いは、ぐっとこらえよう。この情報はすでに手に入れたものだ。掘り下げたければ、いつでもできる。ここであなたがすべきなのは、フォーカスを拡げることによって、違法薬物をもっと使用していないかどうか探ることだ。そうするための効果的なテクニックの一つは、推定質問をすること。たとえば「わかりました。ほかに試してみた薬物にはどんなものがありますか？」とか「前回試したのはいつですか？」と訊いてみるのだ。こうした威圧的でないプロフェッショナルな方法で相手の心理をつつくことにより、どの方向に向かうかを探るのである。

ひとたび一連の情報を手にしたら、今度はそれを逆の順序で掘り下げよう。その理由は単純だ——相手が最後に提供した情報は、おそらく相手がもっとも口にしたくなかった、もっとも重要な情報だからである。肝心なのは、相手が話したことを、すぐそのまま受け入れないようにすることだ。まるで聞かなかったかのように。

首尾一貫しない発言

質問に対する相手の答えが前に言ったことと異なった場合には、「ちょっと待てよ！　さっき言ったことと違うじゃないか！」と言いたくなるだろう。でも、そんな言い方をしたら、相手の協力的な態度などまず期待できない。もしかしたら今回相手は、前に口にしたことより真実に近い情報を提供してきたのかもしれない。そうだとすれば、前に正直に話さなかった事実を突き付けられて嫌な思いをするはずだ。たとえば、「盗んだ金は五〇〇ドルだった」と前に言っておきながら、あとになって「金額は一〇〇〇ドルだった」と相手が言ったようなときには、「それは前に言ったことと違うじゃないか」と問い詰めるのはやめたほうがいい。対立を避け、更新された情報の真実味を測るもっとよい方法は、ほかの可能性がないかどうかを探る質問でフォローすることだ。たとえば、「あなたが盗んだのは、一〇〇〇ドルを超えていた可能性があるのではないですか？」というふうに。また、「正当性の表明」を前置きに使った質問でフォローするのも効果がある。「ちょっとここで整理させてください。私の理解が正しければ、ここで問題になっているのは一〇〇〇ドルのことですよね？」というように。以前の発言と今回の発言とを比較して示すことが必要なら、そうすればいい。しかしその際にも、相手を糾弾するのはやめよう。あなたの目的は相手の協力を引き出すことにあるのだから。「わかりました。では、これはあなたが前に言ったこととどう適合するのですか？　前に言ったことから今度言ったことに、なぜ変わったのか教えてください」と言ってみたらどうだろう。いずれにせよ、質問するたびに〝Lの二乗モード〟をとり、〝メソッド〟を活用することを忘れないようにしよう。

冷静さを保とう

人を欺きつづけようとする行動にはもどかしい思いをさせられることが多く、場合によっては、非常に腹が立つこともある。それでも、こちらは冷静さを保つことが必要だ。というのも、嘘に直面したときには、威圧的でないアプローチをとることこそが、真実を手にする鍵だからだ。次に、特定のタイプの欺瞞行動に対してお勧めする対処法をいくつか紹介しよう。

●**説得力のある発言**――第6章で説明したように、このタイプの欺瞞行動に対するもっとも良い戦略は、こうした発言の威力を無効にすることだ。いったん相手の言葉に同意したり感謝したりしたあと、元の質問の流れに戻ればいい。

●**隠したい情報を省くための修飾語句**――「そうでもない」「大方は」「基本的には」といった、情報の除外を可能にする修飾語句を使う人の目的は、言いたくない情報を隠して、何らかの答えを提供することにある。このような修飾語句を耳にしたときには、そのすぐあとの質問は、潜在的に伏せられている情報に的を絞ったものにしよう。たとえば、ある夫婦が外出するために着替えているとする。シャツを手に取った夫は、妻に向かって「このシャツでいいよね？」と尋ねる。妻の答えは「そうでもないわ」というものだ。もし夫が「〝そうでもない〟とは、どういう意味だ？」とすぐに問い詰めたとすれば、その晩の外出の雲行きが怪しくなることに加えて、妻はおそらく、もっと夫が穏やかに尋ねていれば答えたはずの情報も明らかにしなくなるだろう。妻が本当に考えていることを知りたいなら（そうでない可能性のほうが高いが）、「このシャツの気に入らない点を一つ挙げるとしたら、何だい？」というような訊き方をしたほうが、答えを得られる確率ははるかに高い。

●「心理的固着化」を起こさないために、相手が嘘をつく機会はできるだけ減らすようにする。
●質問する前に、質問の重要性について短く一言触れるだけで、相手の反応や協力を引き出しやすくなる。
●相手が最後に提供した情報は、おそらくもっとも口にしたくなかった、もっとも重要なもの。

12 鵜呑《うの》みにしてはならないしぐさ

真実は、あらゆる先入観を手放したときにのみ姿を現す

――日本の格言

二〇〇九年一月から二〇一一年一月までフォックス・テレビで放映されたテレビドラマ『ライ・トゥー・ミー　嘘は真実を語る』（日本ではフォックスチャンネルで放映。ＤＶＤのタイトルは『ライ・トゥー・ミー　嘘の瞬間』）は、世界中の視聴者に嘘を見破るプロの世界を垣間見せることになった。主役の英国人俳優ティム・ロスが見事に演じたカル・ライトマン博士は、さまざまな感情を反映する不随意の顔面動作「微表情*」を調べて解釈するエキスパートだ。博士は、こういった動作を悪人の顔に読み取り、ドラマチックな身振りによって、嘘をついていると宣言する。

しかし、もちろん、これはハリウッドの世界の話だ。微表情学分野における一部の優れた研究の真の価値を正しく示すものでもない。このような瞬時の顔面動作は、怖れ、憤り、軽蔑、激怒、罪悪感、恥、嫌悪感など多岐にわたる感情を表すことがあり、確かに、その状況における真の思考を

見抜く非常に有効なツールになりうる。表面的には落ち着いていても、その下にある不安感を反映する微表情が読み取れたとしたら、それはきわめて有益な情報になるだろう。

とはいえ、嘘を見つけるという点から言えば、微表情には二つの重大な制約がある。まず、嘘をついていることを表す微表情というものは存在しない。たとえば、不安感にまつわる微表情は、刺激によっては欺瞞指標になりうるが、刺激に関係なく単に不安を表す微表情が観察されたというだけでは、欺瞞指標としての信頼度が低すぎる。そのため、微表情の意味を判断しようとしても、それは当て推量にすぎなくなってしまう。

微表情の第二の制約は、実用的でないことにある。高度な訓練を受けていて、しかも数分の一秒間しか現れない顔面の動きが見抜けるという神がかり的な集中力を身につけていなければ、リアルタイムで典型的な嘘を発見する実用的なツールにはなりえないのだ。そのため、誰かの顔を凝視して、その人が嘘をついているかどうかを見抜くというライトマン的な方法は、テレビ番組のネタとしては面白いが、エンターテインメントの世界にとどめておくほうが賢明だ。

嘘を表す信頼できる指標として世間から広くみなされるようになったものの、現場では非常に信頼性が低いことが経験上判明している行動のカテゴリーがある。私たちは微表情も、この〝注意を要する行動評価指標〟を集めたカテゴリーに属すと考えている。これから、このカテゴリーに属し、非常に慎重に扱うように助言したい他のしぐさについて見ていくことにしよう。

視線を合わせない

「嘘が確実に見抜ける指標を五つ挙げてほしい」と一〇人に訊いたところ、一〇人全員が「視線を合わせられないこと」を五つの指標の一つに挙げたとしても驚くには値しない。とはいえ、「なぜ、どうやって、視線を合わせないことと嘘をついていることを関連づけたのか」と尋ねても、答えられる人はほとんどいないだろう。つまり、アイコンタクトと嘘の結びつきは、どういうわけか世間一般に受け入れられるようになった勘違いの一つなのだ。ゆえに私たちは、この勘違いを鵜呑みにしないようにお勧めしたい。確かに、文化にもよるが、視線を合わせられないことは礼を欠く態度だとみなされることが多い。それでも冷静になって考えてみよう――視線が合わせられないことと嘘をついていることを結びつけるには、かなりの論理の飛躍が必要だ。

ここで、誰かと会話しているところを想像してみよう。ある大事な局面で、ふいに相手がわきを見たり、目を伏せてしまったりして、視線をそらしたとする。さて、この行動から導き出すべき結論とは何だろうか？　気づまりな思いをしているのだろうか。不安が嵩じたために生じた反応だろうか。自信や自尊心が欠乏しているのだろうか。人付き合いに不慣れだったり苦手だったりするのだろうか。それとも、嘘をつこうとしているからだろうか。実は、そのどれもが正当な理由である可能性がある。というのも、アイコンタクトはきわめて個人的な行動だからだ。そのため、視線をそらすことを例外なく欺瞞を示す指標として捉えることはできない。さらにそれは、文化や国によって異なるだけでなく、同じ国内であってさえ、地域により異なる意味を持つことがある。

それにそもそも、互いの目を真剣に見つめ合う機会など、どれだけあるだろうか？　二人の人間がしばらく目を見つめ合うことが何を意味するか考えてみてほしい。じっと目を見つめ合う状況とは、ふつう親密な状況か相手に挑みかかっている状況かのいずれかだ。つまり正反対の状況である。この事実はまさに、同じ動作が完全に真逆のメッセージを伝えうることを示している。そのため、どのような目の動作であっても、それが何を意味しているかについての解釈は、非常に慎重に行う必要がある。

縮こまる

縮こまるしぐさは嘘をついていることを表す行動だという考えには、ある程度の信憑性はある。というのは、嘘とは直接関係ないものの、論理的に関連づけることは可能だからだ。つまり、相手が協力を拒むことは、心を閉ざすことに当たる。そして、縮こまることは、心を閉ざしている印だとみなすことができるのだ。しかし直接の関係ではなく論理だけで結論に飛びつくこと自体に問題がある。第2章で、グローバルな行動評価*について検討したことを覚えておられるだろうか。その際私たちは、縮こまるという動作は、動作が示された理由を当て推量しなければならなくなる行動の典型であると指摘した。相手がその行動をとった理由は、寒さを感じたからかもしれないし、単にその姿勢が心地よかったからかもしれない。そのしぐさをとる理由がわからない以上、そういった動作はあてにならず、その動作を根拠に判断を下すべきではない。理由がわからなければ、ある行動に意味を持たせることはできない。

一般的な不安による緊張感

長い間、警察では、不安感の高まりは、嘘をついていることに関連しているとみなしてきた。確かに、不安感と嘘やごまかしとの間に関連性があることは、私たちもよく承知している。しかし、不安感を欺瞞指標として捉えることには、体を縮める場合と同じ問題がある。つまり、不安感をもたらした原因については、当て推量するしかないのだ。不安感を示しているのは、犯人であることを隠しているからだろうか。警察官の取り調べを受けるのが初めてだからだろうか。過ちを犯した人に心当たりがある、というような間接的な問題があるからだろうか。それとも、不安を抱いているように見える医学的な問題があるのだろうか。あるいは、もともと臆病な性格なのかもしれない。真の理由はわからない。

質問が終わる前に答える

最後まで質問を聞かずに答えるという行為は、ときおり嘘をついていることを示す行動だとみなされる。しかし私たちは、そうした主張を認めていない。経験上、この行為は、真実を述べている人にも、嘘をついている人にも、ごくふつうに見られることがわかっているからだ。ただし、両者がそうする理由は異なる。真実を述べている人がこの行動をとるのは、自分はやっていないという事実を、できるだけ早く明らかにしたいからだ。質問者に対して先手を打とうなどとは考えていない。事実は自分の味方であり、そのことをできる限り早くわかってほしいと思っているだけだ。一方、嘘をついている人は、事実が自分の味方ではないという、きわめてぎこちない思いをしている。嘘をつき通すことは決めているので、その嘘をできるだけ早く口にしてしまって楽になりたいのだ。

顔がほてる、顔の筋肉が痙攣する

このような不随意の動きは不安感から引き起こされることもあるとはいえ、まったく異なる理由で生じる可能性も同じくらいある。神経の障害があるのかもしれないし、室温が高いのかもしれない。また、服用している薬のせいかもしれない。さらに赤面は、嘘とはまったく関係ない感情を反映している場合もある。たとえば、質問やトピックの内容にきまりの悪い思いをしているのかもしれない。こういった身体の変化は、いままでメソッド活用に際して伝授してきたテクニックに比べ、嘘を示す指標としての信頼性が低いことがはっきりしている。

こぶしを握りしめる

この行為は警察当局からは、嘘をついていることを示す典型的なしぐさだとみなされており、現場では「ホワイト・ナックル」と呼ばれている。つまり、恐怖感や緊張感があまりにも強くて、関節から血の気が失せるほどこぶしを強く握り締めているにもかかわらず、本人はそれにまったく気づいていない状態だと考えられているのだ。しかしここでも、そういった行為は、嘘をついているかいないかにかかわらず、ごくふつうに見られるものであることを指摘したい。こぶしを握り締める行為が、刺激に対して直接かつタイムリーに示されなかった場合には、その行為をとった意味は当て推量するしかない。確かにこの行為は、相手の恐怖心を表しているかもしれないが、その理由を知るすべはない。当局に恐れをなしているのかもしれないし、誰も信じてくれないと不安に思っているのかもしれない。それとも、実際に嘘をついているのかもしれない。サイコロの目がどう出るのかわからないように、真の理由は誰にもわからないのだ。

基準行動の設定*

基準行動を設定して嘘を見つけ出すという考えの根拠は次のようなものだ。まず、こちらが答えを知っている比較対照用の質問をして、真実の答えを返すときの表情や話し方を捉え、それを基準行動とする。そのあと、他の質問をした際に、この基準行動から外れた態度が示されれば、嘘の答えをした可能性が疑われるというものだ。これは合理的なアプローチに見えるかもしれない――私たちはみな比較が大好きなのだから。この考え方は、私たちが愛してやまない〝たとえ〟の延長線上にある。しかし、たとえは複雑な問題を理解しやすくし、私たちの暮らしを楽にしてくれるとはいえ、基準行動を設定することによって嘘を見抜こうとすると、私たちはいくつかの問題にぶつかる。

まず、人が基準行動に一致しない行動をとった場合に、必ずそれが嘘をついていることを示しているとみなすのは誤った論理だ。基準行動から外れることと嘘をついていることの関連性は信頼性に欠ける。なぜなら、人間は非常に複雑にできており、人が表現することができる感情や行為はあまりにも膨大であるため、こんな単純な比較では、真に意味のあることなど何も示せないからだ。

次に、人は、こういった嘘発見メソッドを出し抜けるほど賢く、基準行動の設定システムを操作することなど苦もなくできるという事実がある。たとえば、学校を全焼させた放火魔がいて、彼には難しい質問をされることも、罪をとがめられないような答えを練るには時間がかかることもわかっていたとしよう。そこで、「生年月日は？」という、基準行動を設定するための比較対照用の質問をされた際に先回りして考え、わざと質問をオウム返しにしたり、答えではない発言*をしたりするかもしれない。なぜなら、いずれ難しい質問をされたときに、時間を稼がなければならないことがわかっているからだ。さらに、より精妙なレベルでは、「学校に放火したのか?」という決定的な質問をされるまで待たずに、自分の無実を信じさせる策に訴える可能性がある。たとえば、職業を尋ねられた際に、自分が手がけていることに関する長たらしい説明をして、その重要性を強調するかもしれない。一語一語は真実かもしれないが、その目的は、自分が協力的で、質問に真剣に答えており、取り調べを受けていることに動揺などしていないと信じ込ませることにある。そして「やったのか?」という質問がついにされたときには、一連の説得力のある発言*を並べたてるかもしれない。「私は税金を払って地域の学校建設に協力している」とか「あの学校に子どもたちを通わせていた友人がいる」とか「私はこの地域社会の立派なメンバーだ」などというように。こうしてあなたは、このような話し方が、相手のふだんの話し方だという結論を導き、相手の思うつぼにはまってしまうのだ。

基準行動の設定には、問題となりかねないもう一つの局面がある。たいていの人は、個々の人口統計学的カテゴリー〔人種・年齢・性別・身分などの属性により分類されたカテゴリー〕に属する人々がとる行動について固定観念を抱いており、それを基準行動とみなしてしまう傾向があるのだ。そのため、人口統計学的カテゴリーの基準行動とみなす基準からはなはだしく逸脱した行動を示す人を見ると、嘘をついていると疑ってしまう。これは非常に危険な状況だ。というのも、嘘は団体競技ではなく個人競技だからだ。真実を語っている人も、嘘をついている人も、予測された基準範囲に合致しない行動を示す可能性はある。ここで、実際の例を見てみよう。

アメリカには、青少年が地域の奉仕活動と補助的な警察活動に携わることを促進するための

「青少年警察官《ポリス・エクスプローラーズ》」という全国プログラムがある。このプログラムに参加していた一七歳の少女が、地元警察で通信指令係を担当している女性警察官に、ある男性警察官と性的関係を持ったと打ち明けた。しかし、少女が知らなかったのは、この女性警察官が当の男性警察官と交際していたことだった。話を聞いた女性警察官が激怒したことは言うまでもない。彼女はただちにこの一件を警察署長に通報した。しかし、人気者で署内でも高く評価されていた問題の男性警察官は、少女との一件をかたくなに否定し、署長以下すべての警察官は――さらには少女の父親までもが――少女の話はでっち上げではないかと疑った。そして少女に聴き取りが行われたあとでは、あらゆる人が、彼女が嘘をついていると信じるに至ったのである。なぜなら、少女は動揺したり恥じ入ったりするそぶりをまったく見せなかったからだ。彼女の立場に立たされた十代の少女なら必ず示すと取調官が信じていた特徴的な行動――恥じ入ったり、戸惑ったりする行動――を一切示さなかったことから、取調官は、少女が嘘をついているものと解釈したのだ。真実がようやく明らかになったのは、面接を依頼されたマイケルが、少女と男性警察官それぞれに質問したあとだった。少女に質問して、真実を語っていると確信したマイケルは、男性警察官に対する聞き取りでは、告白を誘《いざな》うことに照準を合わせた。その結果、たった一度の聞き取りで、男性警察官は少女と性的関係を結んだことを自白したのである。

●アイコンタクトはきわめて個人的なもの。視線を合わせないことと嘘を結びつけるのは勘違いの一つとなりうる。
●こぶしを握りしめるのは、嘘をついていることを示す典型的なしぐさと見なされる。
●真実の答えを返すときの表情や話し方で基準行動を設定し、これをもとに嘘を見抜く。ただし、嘘は人それぞれで、予測された基準範囲におさまらないことも多い。

13 典型的な嘘の実例

真実は疑われることを恐れない。

——作者不明

二〇一一年の初夏に全米をもっとも賑わせていたニュースのひとつは、ニューヨーク州選出の民主党下院議員、アンソニー・ウィーナーの〝セクスティング〟（性的なメッセージや画像をオンラインで送りつけること）にまつわるスキャンダルだった。同議員は、ある女子大生にツイッターを通して自らのいかがわしい写真を送り付けたと疑われていた。彼は当初、憤りを交えながら、再三再四、断固として疑いを否定した。しかしそのわずか一〇日後、公の場で、くだんの写真を女子大生に送りつけただけでなく、過去三年間にわたって六人の女性と似たような〝不適切な〟やりとりをしていたと涙ながらに認めたのだった。

ウィーナー議員の一件は、ここでの検討に値する。というのも、これまで見てきた数多くの嘘やごまかしを見事なまでに示している例だからだ。状況をわかりやすくするために、まずはこの一〇日間の出来事を、時系列に沿って、かいつまんで説明しよう。

五月二七日　ウィーナーがツイッターを通して、シアトルに住む女子大生にいかがわしい写真を送り付ける。女子大生だけが読むことのできる方法で送ったつもりが、公開している自分のツイッターフィードに誤って投稿してしまったことに気づき、投稿を削除して、自分のアカウントがハッキングされたとツイートする。

五月二八日　ウェブサイト〈ビッグガバメント・ドット・コム〉で、ウィーナーが猥褻な写真を送ったことが公表される。それは、下着をまとった下半身の股間部を写したものだった。

五月二九日　ウィーナーの広報担当者が、同議員のツイッターアカウントから卑猥な写真を送ったのはハッカーによる仕業であり、それは議員に対する「妨害」行為だと公表して、議員の関与を否定する。

五月三一日　連邦議会にあるウィーナーの事務所の前に集まった一群の取材記者たちとウィーナーが話を交わす。しかし、写真に関する質問については返答を拒む。

六月一日　ウィーナーが複数のテレビ局の取材に応じ、猥褻な写真を送ったのは自分ではないと一貫して否定する。しかし、その写真が自分のものであるかどうかについては、「確信をもって」答えることはできないと発言する。

六月六日　〈ビッグガバメント・ドット・コム〉が、二番目に名乗り出た女性が提供したウィーナーの上半身裸の写真を公表する。ウィーナーはマンハッタンで記者会見を開き、女子大生に写真を送ったのは自分であること、わが身と妻を守るために嘘の発言をくり返したこと、そして過去に六人の女性と〝不適切な〟オンライン上のやりとりをしたことを認める。

さて、このリストにもう一日、日付を挿入するとしよう――六月二日だ。ウィーナーがついに白状することになる四日前のこの日、私たちは、ウィーナーの一件に関する分析結果をウェブサイト〈ザ・トゥルー・ヴァーディクト〉に投稿した。分析結果は、次のとおりである。

彼の行動から判断すると、おそらく一枚の猥褻な写真を一人の女子大生にツイートした以上の問題があるものと思われる。このような行動をとる傾向があることを隠そうとしている可能性が高い。この若い女性をしばらくの間フォローしており、他にも複数の若い女性をフォローしていたことが疑われる。さらに、ウィーナーが送り付けたこのタイプの写真は、くだんの一枚だけではないことも強く疑われる。

どうやってこの結論を導いたのかと思われるかもしれない。わけもないことだ。私たちは、ウィーナーが五月三一日に事務所の前で取材記者たちと交わした会話をメソッドに基づいて分析したのである。あなたもやってみてほしい。

これから示すのは、多くの報道機関が報道したそのときのやりとりを忠実に書き起こしたものだ。ウィーナーは取材記者たちとのこの一度のやりとりで、六〇を超える欺瞞行動を見せている。実際のやりとりに目を通し、そのうちいくつ見つけられるか試してみていただきたい。私たちが見つけ出した嘘や偽りなどの欺瞞行動、および前述した結論を導き出すことになった根拠については、本章後半で明かすことにしよう。

ウィーナーとのやりとりに登場する主な人物は、CNNの議会担当上級記者のデイナ・バッシュとCNNの議会担当上級プロデューサーのテッド・バレットだ。

バッシュ　議員、端的にお答えいただけますか？　ハッキングされたとおっしゃっていますよね。それは犯罪行為になります。なぜ、議会警察や他の法執行機関に捜査を依頼しないのですか？

ウィーナー　いいですか、数日間お話ししていますが、これは悪ふざけなんですよ。そんなことの説明に、これからの一週間、あるいは二週間、時間を割くなんてことはありえません。この件については、きょうはもうこれ以上話しません。あなた方にはこれまでかなり辛抱強く対応してきたと思いますよ。

バッシュ　どうか気を悪くしないでください。あなたはここに出てきてくださった。感謝しています。しかし、質問には答えていただいていません。警察になぜ捜査を依頼しないのか、これについてだけ答えていただけませんか？

ウィーナー　デイナさん、もし私が四万五〇〇〇人の聴衆に向けてスピーチをしているときに、誰かにパイや誹謗中傷を投げつけられたとしたら、そのあとの二時間その話をすると思いますか？　いいえ、私は元の話題に戻って……

バレット　（ウィーナーを遮って）いまは、そういった状況とは違います。

ウィーナー　それなら、あなたが説明したらどうです？

バレット　あなたは、自分のツイッターアカウントから、猥褻な写真が大学生に送られたと言いました。質問に答えてください。それは、あなたが送ったんですか？　それとも違うんですか？

ウィーナー　サー、どうか私に……あなた方は私に最後まで答えてほしいと思っているんですか？

バレット　ええ。この件についての答えを。あなたが送ったんですか、違うんですか？

ウィーナー　わかりました。もし私が四万五〇〇〇人の聴衆に向けてスピーチをしているときに、後ろのほうからパイや誹謗中傷を投げつけられても、私はそのあとの二時間をパイや誹謗中傷のことに費やすようなまねはしません。私は、話したい聴衆に向けた話したい話題に戻ります。それこそ、今週私がしようとしていることです。

バレット　ただ「ノー」と言えば済むんですよ。

バッシュ　別の質問をしましょう。このツイートを受け取った、あるいは送り付けられたと言われている女性――シアトルに住む二一歳の学生ですが――彼女はきのう、ツイッターであなたにフォローされていると〈ニューヨーク・デイリーニュース〉紙に語っています。これは本当ですか？　彼女をツイッターでフォローしているんですか？　もしそうだとしたら、どうやって彼女を見つけたんです？　理由は何ですか？

ウィーナー　いいですか、私はすでに、このことをさまざまな方法で言ってきたと思いますが、ここでもう一度言いましょう。この件に妨害させるようなことは、これ以上許しません。

バレット　あなたは、その質問に「ノー」と答えるだけでいいんですよ。

ウィーナー　あなたがたは自由に……私が答え、あなた方は質問する、ということにしたらどうなんです？

バレット　私たちがした質問にあなたが答えてくださるなら、サー、そうしますよ。

レポーター　あなたはツイッターで、若い女性をごまんとフォローしてますよね。そんなにたくさん女性をフォローする理由があるんですか？

ウィーナー　ところで、あの有名なハッシュタグ〈#ScrappyChasingCrazy〉を付けたツイッターの関連ニュースですが、（今回の一件のおかげで）私はミシェル・バックマンをフォロワー数で抜きましたよ。追加情報としてお伝えしておきます（笑）。

バッシュ　いま、ここで何が起きているか、私たちがどんなにもどかしい思いをしているか、おわかりでしょう。ここに出てきて話をしてくださっていることについては感謝しています——にこやかで協力的に。不快になられるのも無理はない。でも、あなたは質問に答えていません……。

ウィーナー　きょうは、もう三日目です。私の事務所が出した声明をお持ちでしょう。

バッシュ　でも、質問の答えは書いてありません……。

ウィーナー　事務所が出した声明があり、それを攻撃したい人が出てくる……ほら、それが相手の作戦なんです。部屋の後ろのほうにいて、パイや誹謗中傷を投げつける人は、この件を話題にしたいんです。

バッシュ　でも、ハッキングされたと言ったのは、あなたご自身では……。

ウィーナー　デイナさん、こうしたら……私はここで、いくつかのルールに従ってくれるようお願いしなければなりません。その一つは、あなたが質問をして、私が答えるというものです。それはもっともなことですよね？

バッシュ　答えが得られたらうれしいですが。

ウィーナー　それはもっともなことだと……

バッシュ　率直な答えですよ。

ウィーナー　それはもっともなことでしょう。あなたが質問して、私が答えるんです。でも、この間抜け（バレットを指して）が遮ってくるんだ。これを新たなルールにしませんか。ともかく、答えさせてください。悪ふざけをしようとしている人は、私の仕事を妨害しようとしている。この数日間起きたことは、まさにそれです。私は決めました。きょうは、そんなことをさせないと。明日もさせない。あなたがたは、自分の仕事をしている。それは私も理解している。だから、それをし続けたらいい。でも私はもう、毎日この件について答えるようなことはしません。私は、公債発行限度の投票について話したいんです。今夜行われる連邦債務の上限に関する投票はきわめて重要で……

バレット　議員、なぜ警察にこの件の捜査を依頼していないんです？　なぜ、この件の捜査を警察に依頼しなかったんです？　警察に答えを知られたくないからなんですか？

ウィーナー　連邦債務の上限問題についてお話ししましょう。ご存じのとおり、今晩六時半か六時四五分には、わが国の経済に甚大な影響をもたらす投票が行われます――債務上限ほど重要な問題に、ただ審議を遅らせるためだけの票が投じられるか否かにかかわらず。私はその問題に専念したい。いま手がけていることに一生懸命取り組みたいんです。そのことに。率直なところ、私の選挙区民がそうしてほしいと願っていると思うからです。そして率直なところ、国も私にそうしてほしいと願っているはずです。だから、私はこれからやります。あなた方にはそうする必要はありません。あなた方は、なんであれやりたいことを、そのまま続ければいいでしょう。でも私は、私が話す内容をこれ以上この一件に左右させるつもりはありません。

バッシュ　あなたは声明のなかで、ハッキングされたと言っています。だから、私たちが知りたいのは、ある意味、論理的な問題なんです。もしあなたが犯罪の被害者なら、なぜ……

ウィーナー　私の声明を読んでください。声明を読めばいいんですよ。

バッシュ　声明はこの質問に答えていません。もし答えていたらとっくに読んでいますよ。でも声明は、この質問に答えていません。

ウィーナー　私に言えるのは、過去数日間、声明を出し、「これは最後の質問です」と言う人たちに対応してきた、ということだけです。実のところ、あなたがたがこの場にいるという事実こそ、一部の人たちが、私がこれ以上関わらないように決めたことをうまく話題にしつづけている証拠です。それでも報道したいなら、それはあなたがたの自由ですが……。

バレット （ウィーナーを遮って）議員、否定したらどうなんです……率直に答えたらどうなんです……

ウィーナー あなたがたはここにいて結構です。ここにいて、自由に私に質問してください。しかしご存じの通り、通りの向こうの最高裁判所では問題が起きています。クラレンス・トーマス判事は、医療保険法を撤廃させよう、停止させようともくろむ人たちから自分の家族が八〇万ドルを超える報酬をもらっているにもかかわらず、担当を忌避することを拒否しています。これは重大なことだと思います。これは、私のエネルギーを注ごうとしている重大な案件で、そういったことこそ、これから私が話そうとしていることなのです。

レポーター 声明では、弁護士を雇ったと書いてありました。何をさせようとしているんですか？ 捜査の要請ですか？

ウィーナー 声明はその件について答えていると思います。弁護士は、とるべき適切な次の手順を助言すると書いてあります……声明をもう一度見て、全部読んでください。

バレット 弁護士は誰なんですか？

ウィーナー ほかに質問がありますか？ いいですか、私がやらなければならない仕事を妨害しようとする人たちがいるんです。本当にいるんですよ。この一件を話題にしたいと思っている人たちがいるんです。そして、こういったことに関わる人々は、ある意味、熱狂しているんです。なぜなんでしょうね？ でも、私はそんなことはしたくありません。私は、自分が重要視していること、そしていま手がけている問題のために闘います。一言、言いたいんですがね、私には彼らの手口がわかっています。この件を、何日も何日も取り上げようと決めているんです。私は、あえてそうしないことを選びました。これは私の特権です。申し訳ありませんね。すみません。

バッシュ　それでも、このことだけは訊きたいんですが。もしこの一件が、あなたが言うように取るに足りない話で、そして妨害だというなら……

ウィーナー　（バッシュを遮って）私はそうは言いませんでしたよ……私は妨害だと言ったんです。それが取るに足りない話であるかどうかは、あなたの判断に任せます。

バッシュ　単なる妨害だと考えているんでしたら、あなたは如才ない方ですね。ここで質問に答えて、もう終わりにしたらいかがですか？

ウィーナー　もう何日もそうしていますよ。ここで私があえて言いたいのは……どうやら声明を読んでいない人がいるようですね。あなたはもう読まれたと思いますが。いいですか、私に言えるのはこれだけです。つまりこの一件は、誰かが三日目か四日目に、私が妨害とみなしていることを話題にし続けようとしている、私のほうでは、それへの対処法を決めたということなんです。私は、そんなことに邪魔されまい、と考えたのです。そんなことが、このあと三日も、四日も、五日も、六日も続くようなことは許せません。それがあなたがたにとって不満足なら、お詫びします。でも私は、人々が本当に議論したいと望んでいるのは、今夜の負債上限引き上げ投票のようなことだと思っているんです。この国の非常に富裕な人々とそれほど豊かではない人たちの間の過酷な格差といったようなことです。あるいは、この国で中産階級に留まるのはいよいよ困難になっている事実などを。そういったことこそ、私がここで手がけているべきことなのです。ありがとう、みなさん。

さて、あなたはどれだけ欺瞞行動を見つけられただろう。嘘をついている人の言葉の中に、これまで学んできた欺瞞行動がいとも容易に見つかることがわかって驚かれたにちがいない。このあと、再度ウィーナーと取材記者とのやりとりを示して、ウィーナーの返答のあとに欺瞞行動をリストアップしよう。必要と思われる箇所では説明も付したので、併せてお読みいただきたい。

バッシュ　議員、端的にお答えいただけますか？　ハッキングされたとおっしゃっていますよね。それは犯罪行為になりえます。なぜ、議会警察や他の法執行機関に捜査を依頼しないのですか？

ウィーナー　いいですか、数日間お話ししていますが、これは悪ふざけなんですよ。そんなことの説明に、これからの一週間、あるいは二週間、時間を割くなんてありえません。この件については、きょうはもうこれ以上話しません。あなた方にはこれまでかなり辛抱強く対応してきたと思いますよ。

欺瞞行動……………………………………………………………………………………………

●質問に答えられない

●返答を拒否する＊

●他の発言や行為への言及――「私はこれまで、あなた方にはかなり辛抱強く対応してきたと思いますよ」

●隠したい情報を省くための修飾語句二つ――「かなり」と「思いますよ」

バッシュ　どうか気を悪くしないでください。あなたはここに出てきてくださった。感謝しています。しかし、質問には答えていただいていません。犯罪だと言われるのに、なぜ警察に捜査を依頼しないのか、これについてだけ答えていただけませんか?

ウィーナー　デイナさん、もし私が四万五〇〇〇人の聴衆に向けてスピーチをしているときに、誰かにパイや誹謗中傷を投げつけられたとしたら、そのあとの二時間その話をすると思いますか?　いいえ、私は元の話題に戻って……

欺瞞行動……………………………………………………………………………………………

●質問に答えられない

●不適切な質問＊／関係のない質問――「もし私が四万五〇〇〇人の聴衆に向けてスピーチをしているときに、誰かにパイや誹謗中傷を投げつけられたとしたら、そのあとの二時間その話をすると思いますか？」

バレット（ウィーナーを遮って）いまは、そういった状況とは違います。

ウィーナー　それなら、あなたが説明したらどうです？

欺瞞行動………………………………………………

●攻撃的行動――質問者を攻撃する。

バレット　あなたは、自分のツイッターアカウントから、猥褻な写真が大学生に送られたと言いました。質問に答えてください。それは、あなたが送ったんですか？　それとも違うんですか？

ウィーナー　サー、どうか私に……あなた方は、私に最後まで答えてほしいと思っているんですか？

欺瞞行動………………………………………………

●質問に答えられない

●不適切なレベルの礼儀正しさ＊――「サー」

●攻撃的行動――ウィーナーの質問は、取材記者たちが無礼で、自分に対して不適切な態度をとっていると暗に示唆している。

バレット　ええ。この件についての答えを。あなたが送ったんですか、違うんですか？
ウィーナー　わかりました。もし私が四万五〇〇〇人の聴衆に向けてスピーチをしているときに、後ろのほうからパイや誹謗中傷を投げつけられたとしても、私はそのあとの二時間をパイや誹謗中傷のことに費やすようなまねはしません。私は、話したい聴衆に向けた話したい話題に戻ります。それこそ、今週私がしようとしていることです。

欺瞞行動
●質問に答えられない
●答えではない発言

この返答には、意図せぬメッセージも含まれている。「話したい話題に戻ります」という発言により、ウィーナーは、もっともな質問に答えることを含め、この件については一切話したくないことを暗に認めている。

バレット　ただ「ノー」と言えば済むんですよ。
バッシュ　別の質問をしましょう。このツイートを受け取った、あるいは送り付けられたと言われている女性――シアトルに住む二一歳の学生ですが――彼女はきのう、ツイッターであなたにフォローされていると〈ニューヨーク・デイリーニュース〉紙に語っています。これは本当ですか？　彼女をツイッターでフォローしているんですか？　もしそうだとしたら、どうやって彼女を見つけたんです？　理由は何ですか？

ウィーナー　いいですか、私はすでに、このことをさまざまな方法で言ってきたと思いますが、ここでもう一度言いましょう。この件に妨害させるようなことは、これ以上許しません。

欺瞞行動……………………………………………………………………

- 質問に答えられない
- 返答を拒否する
- 他の発言や行為への言及
- 答えではない発言

バレット　あなたは、その質問に「ノー」と答えるだけでいいんですよ。

ウィーナー　あなたがたは自由に……私が答え、あなた方は質問する、ということにしたらどうなんです？

欺瞞行動……………………………………………………………………

- 攻撃的行動――質問者を攻撃する。

バレット　私たちがした質問にあなたが答えてくださるなら、サー、そうしますよ。

レポーター　あなたはツイッターで、若い女性をごまんとフォローしてますよね。そんなにたくさん女性をフォローする理由があるんですか?

ウィーナー　ところで、あの有名なハッシュタグ〈#ScrappyChasingCrazy〉を付けたツイッターの関連ニュースですが、(今回の一件のおかげで) 私はミシェル・バックマンをフォロワー数で抜きましたよ。追加情報としてお伝えしておきます (笑)。

欺瞞行動……………………………………………………………………………………

●質問に答えられない

●答えではない発言

●不適切な (低すぎる) 懸念のレベル*――笑いを誘おうとしている。

バッシュ　いま、ここで何が起きているか、私たちがどんなにもどかしい思いをしているか、おわかりでしょう。ここに出てきて話をしてくださっていることについては感謝しています――にこやかで協力的に。不快になられるのも無理ない。でも、あなたは質問に答えていません……。

ウィーナー　きょうは、もう三日目です。私の事務所が出した声明をお持ちでしょう。

欺瞞行動……………………………………………………………………

●質問に答えられない
●答えではない発言
●他の発言や行為への言及

バッシュ　でも、質問の答えは書いてありません……。
ウィーナー　事務所が出した声明があり、それを攻撃したい人が出てくる……ほら、それが相手の作戦なんです。部屋の後ろのほうにいて、パイや誹謗中傷を投げつける人は、この件を話題にしたいんです。

欺瞞行動……………………………………………………………………

●質問に答えられない
●他の発言や行為への言及
●説得力のある発言*——自分は〝戦略〟の犠牲者だと説得しようとしている

バッシュ　でも、ハッキングされたと言ったのは、あなたご自身では……。
ウィーナー　デイナさん、こうしたら……ちょっとルールに従ってもらえませんかね。その一つは、あなたが質問をして、私が答える。それはもっともなことですよね？

欺瞞行動…………不適切なレベルの礼儀正しさ

バッシュ　答えが得られたらうれしいですが。

ウィーナー　それはもっともなことだと……

バッシュ　率直な答えですよ。

ウィーナー　それはもっともなことでしょう。あなたが質問して、私が答えるんです。でも、この間抜け（バレットを指して）が遮ってくるんだ。これを新たなルールにしませんか。ともかく、私に答えさせてください。悪ふざけをしようとしている人は、私の仕事を妨害しようとしている。この数日間起きたことは、まさにそれです。私は決めました。きょうは、そんなことをさせないと。あしたもさせない。あなたがたは、自分の仕事をしている。それは私も理解している。だから、それをし続けたらいい。でも私はもう、毎日この件について答えるようなことはしません。私は、公債発行限度の投票について話したいんです。今夜行われる連邦債務の上限に関する投票はきわめて重要で……

欺瞞行動…………

●質問に答えられない

●攻撃的行動――質問者を攻撃する。

●答えではない発言
●説得力のある発言——ウィーナーの意図は、自分の仕事を遂行しようとしているだけだと信じ込ませることにある。

バレット 議員、なぜ警察にこの件の捜査を依頼していないんです？ なぜ、この件の捜査を警察に依頼しなかったんです？ 警察に答えを知られたくないからなんですか？

ウィーナー 連邦債務の上限問題についてお話しましょう。ご存じのとおり、今晩六時半か六時四五分には、わが国の経済に甚大な影響をもたらす投票が行われます——債務上限ほど重要な問題に、ただ審議を遅らせるためだけの票が投じられるか否かにかかわらず。私はその問題に専念したい。いま手がけていることに一生懸命取り組みたいんです。そのことに。率直なところ、私の選挙区民がそうしてほしいと願っていると思うからです。そして率直なところ、国も私にそうしてほしいと願っているはずです。だから、私はこれからやります。あなた方にはそうする必要はありません。あなた方は、なんであれやりたいことを、そのまま続ければいいでしょう。でも私は、私が話す内容をこれ以上この一件に左右させるつもりはありません。

欺瞞行動……………………………………………………

●質問に答えられない
●返答を拒否する

●答えではない発言
●印象を良くするための修飾語句──「率直なところ」という言葉が二回使われている
●説得力のある発言──自分がやっていることは選挙区民と国に奉仕することだけだと説得しようとしている

バッシュ　あなたは声明のなかで、ハッキングされたと言っています。だから、私たちが知りたいのは、ある意味、論理的な問題なんです。もしあなたが犯罪の被害者なら、なぜ……

ウィーナー　私の声明を読んでください。声明を読めばいいんですよ。

欺瞞行動……………………………………………………

●質問に答えられない
●他の発言や行為への言及

バッシュ　声明はこの質問に答えていませんよ。もし答えていればとっくに読んでいますよ。でも声明は、この質問に答えていません。

ウィーナー　私に言えるのは、過去数日間、声明を出し、「これは最後の質問です」と言う人たちに対応してきた、ということだけです。実のところ、あなたがたがこの場にいるという事実こそ、一部の人たちが、私がこれ以上関わらないように決めたことをうまく話題にしつづけている証拠です。それでも報道したいなら、それはあなたがたの自由ですが……。

欺瞞行動……………………………………………………………………………………

- 質問に答えられない
- 他の発言や行為への言及
- 答えではない発言
- 隠したい情報を省くための修飾語句――「私に言えるのは……」これは意図せぬメッセージでもあり、彼には明かせない情報があることを示唆している。

バレット　（ウィーナーを遮って）議員、否定したらどうなんです……率直に答えたらどうなんです……。

ウィーナー　あなたがたはここにいて結構です。ここにいて、自由に私に質問してください。しかしご存じの通り、通りの向こうの最高裁判所では問題が起きています。クラレンス・トーマス判事は、医療保険法を撤廃させよう、停止させようともくろむ人たちから自分の家族が八〇万ドルを超える報酬をもらっているにもかかわらず、担当を忌避することを拒否しています。これは重大なことだと思います。これは、私のエネルギーを注ごうとしている重大な案件で、そういったことこそ、これから私が話そうとしていることなのです。

欺瞞行動……………………………………………………

●質問に答えられない

●答えではない発言

●説得力のある発言――自分は正義のためにエネルギーを傾けていると思わせたい

レポーター　声明では、弁護士を雇ったと書いてありました。何をさせようとしているんですか？　捜査の要請ですか？

ウィーナー　声明はその件について答えていると思います。弁護士は、とるべき適切な次の手順を助言すると書いてあります……声明をもう一度見て、全部読んでください。

欺瞞行動……………………………………………………

●質問に答えられない

●他の発言や行為への言及

バレット　弁護士は誰なんですか？

ウィーナー　ほかに質問がありますか？　いいですか、私がやらなければならない仕事を妨害しようとする人たちがいるんです。本当にいるんですよ。この一件を話題にしたいと思っている人たちがいるんです。そして、こういったことに関わる人々は、ある意味、熱狂しているんです。なぜなんでしょうね？　でも、私はそんなことはしたくありません。私は、自分が重要視していること、そしていま手がけている問題のために闘います。一言、言いたいんですがね、私には彼らの手口がわかっています。この件を、何日も何日も取り上げようと決めているんです。私は、あえてそうしないことを選びました。これは私の特権です。申し訳ありませんね。すみません。

欺瞞行動……………………………………………………………………………………
●質問に答えられない
●攻撃的行動――「私がやらなければならない仕事を妨害しようとする人がいるんです……」
●答えではない発言
●不適切なレベルの礼儀正しさ――謝罪

バッシュ　それでも、このことだけは訊きたいんですが。もしこの一件が、あなたが言うように取るに足りない話で、そして妨害だというなら……

ウィーナー　(バッシュを遮って)私はそうは言いませんでしたよ……私は妨害だと言ったんです。それが取るに足りない話であるかどうかは、あなたの判断に任せます。

バッシュ　単なる妨害だと考えているんでしたら、あなたは如才ない方ですね。ここで質問に答えて、もう終わりにしたらいかがですか？

ウィーナー　もう何日もそうしていますよ。ここで私があえて言いたいのは……どうやら声明を読んでいない人がいるようですね。あなたはもう読まれたと思いますが。いいですか、私に言えるのはこれだけです。つまりこの一件は、誰かが三日目か四日目に、私が妨害とみなしていることを話題にし続けようと決め、私のほうでは、それへの対処法を決めた、ということなんです。私は、そんなことに邪魔されまい、と考えたのです。そんなことが、このあと三日も、四日も、五日も、六日も続くようなことは許せません。それがあなたがたにとって不満足なら、お詫びします。でも私は、人々が本当に議論したいと望んでいるのは、今夜の負債上限引き上げ投票のようなことだと思っているんです。この国の非常に富裕な人々とそれほど豊かではない人たちの間の過酷な格差といったようなことです。あるいは、この国で中産階級に留まるのはいよいよ困難になっている事実などを。そういったことこそ、私がここで手がけているべきことなのです。ありがとう、みなさん。

欺瞞行動

- 質問に答えられない
- 返答を拒否する
- 他の発言や行為への言及
- 答えではない発言
- 不適切なレベルの礼儀正しさ——謝罪

●隠したい情報を省くための修飾語句――「私に言えるのは……」この発言はまた、明かせないことがほかにあることを示す意図せぬメッセージでもある。
●攻撃的行動――「どうやら声明を読んでいない人がいるようですね」および「誰かが三日目や四日目に、私が妨害だとみなしていることを話題にし続けようと決め……」
●説得力のある発言――ウィーナーは、自分が富める者と貧しい者の格差というような社会問題と戦うチャンピオンだと印象づけようとしている。

CNNでこのやりとりを見たほとんどの人は、ウィーナーが率直に答えようとしていないこと、そして取材記者たちの質問をかわし続ける理由があるはずだということを即座に見抜いただろう。ウィーナーが嘘をついていることは一目瞭然だった。しかし、彼が隠そうとしていたものは何だったのだろうか。それは、議会が国民の生活を左右する非常に重要な政策を討議している最中に、これほど騒ぎ立てて議員の活動を妨害するにはふさわしくない、たった一度の愚かな過ちだったのだろうか。それとも、彼が当時こうむっていた痛手よりさらに深い痛手を将来突き付けられかねない、より深刻な事態だったのだろうか。この時点で、問題の深刻さについて信頼できる予測を立てることは可能だろうか。その答えはイエスだ。

私たちは、ウィーナーが示した欺瞞行動の内容、その頻度、およびそれらが出現するパターンを分析して結論を導いた。それでは、六月二日に私たちがウェブに投稿した分析結果の全文をお目にかけよう。

ウィーナーは、一連のあからさまな欺瞞行動を示しているが、その行動のタイプから判断すると、問題になっている一件について真実を語っていないどころか、この一件には、隠れている問題がさらにあることが強く疑われる。

高い頻度の攻撃的行動を見せたこと、とりわけそういった行動が率直な質問に対する返事の代わりに示されたことは、ウィーナーがきわめて高いレベルの不安を抱えていたことを示している。この高いレベルの不安感と、突き付けられたどの質問にも答えられなかったという事実は、彼がのっぴきならない状況に陥っていたことを示すものだ。その行動を見ると、この一件に関して公の場で明かしたいと望む事実も情報も一切ないことは明らかである。さらにその行動は、問題分野の行為に関する他の情報が漏れるぐらいなら、この件について明らかに嘘をついているように見えたほうがいいと考えていることも示唆している。

政治家が評判を非常に気にすることを考えると、自らの評判を貶めてまで隠し通したいと望むこととは、途方もない重要性を持つものだとみなしてもまず間違いないだろう。ウィーナーが自分の評判をかけてさえ隠し通そうとしている途方もなく重要なこととは何だろうか？　質問に答える際、ウィーナーは「私に言えることは」というような言葉を使って何度も意図せぬメッセージを伝えている。こうした発言は、明らかにしたくない情報を伏せていることを示唆するものだ。彼の行動から判断すると、おそらく一枚の猥褻な写真を一人の女子大生にツイートした以上の問題があるものと思われる。このような行動をとる傾向があることを隠そうとしている可能性が高い。この若い女性をしばらくの間フォローしており、他の複数の若い女性もフォローしていたことが疑われる。さらに、ウィーナーが送り付けたこのタイプの写真は、くだんの一枚だけではないことも強く疑われる。他の女性たちがゾロゾロ現れて、この一件が〝タイガー・ウッズ現象〟まがいの広がりを見せるようになるとしても驚くには値しない。

引用元　http://www.cnn.com/#/video/politics/2011/05/31/sot.bash.weiner.twitter.cnn
著者らの分析　http://truthinthelaw.blogspot.com/2011/06/hot-dog-how-deception-detection-experts.html

14 テクニックはどう使うべきか

Okay, So Now What?

私は一度として欺瞞や嘘を奨励したことはない。
とりわけ記憶力が悪いとき、嘘は最悪の敵になる。
実のところ、真実こそ真の友なのだ。たとえ状況がどのようなものであろうとも。

――エイブラハム・リンカーン
〔第一六代アメリカ合衆国大統領一八〇九～一八六五〕

私たちは、本書で紹介したテクニックを含むトレーニングを、世界中の民間および公的機関に施してきた。延べ時間にすると、それは数千時間にもなる。トレーニングの主な受講者はいまでもCIAの局員だ。つい先ごろCIAで行った三日間のトレーニングの二日目、私たちはセッションの開始に先立って常にするように、前日に学んだことについて質問があるかどうかを受講生に尋ねた。するとあるCIAのオフィサー（仮名テッド）が手を挙げ、「メソッドは本当に効果があるんでしょうか？」と訊いた。彼の口調には、効果を疑っているニュアンスはなかった。それより何か気がかりなことがあるようだった。

「メソッドの効果には、いまでも驚かされ続けている」とフィルは答えた。「なぜかね？　きのう学んだことで、何かわからなかったことでも？」彼は尋ねた。

「いいえ、そうではないんです」とテッドは言って、事情を語りはじめた。前夜、家族で食卓を囲んだあと、子どもたちは宿題をやりに二階に上がり、テッドは妻とコーヒーを飲んでいたという。そのとき電話が鳴り、二人は互いに相手が電話をとってくれることを期待して顔を見合わせた。「電話に出てくれないの?」と妻が訊いたので、テッドは「君がとったらどうだい——たぶん、君のボーイフレンドだろうから」とふざけて言った。そのとき子どもたちの一人が電話をとった。案の定、それは友達からの電話だったらしい。夕方のその時間にかかってくる電話は、たいてい子どもたちの友人からだった。そこでテッドは笑い声をあげてまた言った。「どうやら、君のボーイフレンドではなかったようだね」と。

テッドの次の言葉がトレーニング会場に爆弾を落とした。その冗談を口にしたとき、妻がまさに前日に学んだばかりの欺瞞行動のクラスターを示したというのだ。テッドは、第一日目に学んだ内容が気に入り、すべて道理にかなうと納得していた。しかしいまや、まさにそのことに平手打ちをくらわされていたのである。しかも、人生に関わる一大事だ。前夜は一睡もできなかったという。彼は悶々としながら、どうしたらいいのかと考えていた。寝返りを打って妻の寝顔を見ると、彼女が浮気をすることなどありえないと思えてくる。だが、反対側に寝返りを打つと、奥さんの浮気が明らかになった友人のことが頭に浮かんできた。どうしたらいいのだろう。疑念は無視すべきだろうか。

フィルはテッドのジレンマをクラス全体に問いかけた——トレーニングを受けたばかりで過敏になっているだけだから、忘れたほうがいいと助言すべきだろうか、それとも、離婚専門の敏腕弁護士を探し始めたほうがいいと伝えるべきだろうかと。その時点でフィルが提供できる唯一のアドバイスは、たった一つしかなかった。

「こう考えたらいい」とフィルは言った。「君には、さらに掘り下げるべき仕事があると」。

トレーニングに参加していた誰にとっても、これ以上重要な教訓はなかったろう。メソッドを使って嘘を暴きだすことができたとしても、人間嘘発見器になるわけではないし、裁判官と陪審員の二役を負わされるわけでもない。もちろん、あなたはいまや、嘘をはじめ日々生じる問題の解決を助けてくれる非常に有益で効果のあるツールを手にしている。しかしそれらのツールは、明らかになるのはさらなる調査が求められる情報でしかないことを理解した上で使うことが必要だ。

同じくらい重要な教訓は、こういった情報は嘘を見つけだす能力を高めることにはなっても、嘘をつく能力を高めることにはならないという事実である。嘘の発見に長年携わってきた私たちも、メソッドによって欺瞞指標を見つけられてしまうことは、ほかの誰とも変わらない。もちろん、さとられにくくするノウハウについては、私たちもよくわかっている。たとえば、スーザンは「神に誓って」という言葉を語彙リストから抹消した。宗教を持ち出す*のは、あまりにも明らかな虚偽指標になるからだ。それでも、たとえば「説得力のある発言」については、他人が使っているのに気づくのと同じくらい、自分でもうっかり使ってしまうと言う。物事について詳しく説明してしまうのも、その一つだ。真実を伝えるのが気まずいときには、どれだけメソッドに精通していようが、やってしまうことというものはある。

どう取り繕っても、モデルに引っかかりバレてしまうのは、膨大な量の相反する情報を処理したり、行為の要素を考えたりしないといけないため、脳がいっぱいいっぱいになってしまうからだ。良い例が、おなじみのパーティー・ゲームだ。子どもの頃に友達と試してみたことがあるかもしれない。

椅子に座っている状態で右足を前に出し、かかとを床につけたまま、つま先を時計回りにぐるぐる回してみよう。次に、右手で空中に数字の「6」を描いてみる。足はどうなっただろう？　おそらくは、無意識のうちに左回りになっていたのではないだろうか。ときおり脳は自分の思い通りのことをやり、私たちはそれに従うしかなくなることがあるのだ。同じことは、欺瞞行動を操ろうとする際にも生じる。そうしようと思っても、ほとんどの場合、脳が邪魔してしまうのだ。

悪人が本書を読んで、ますます嘘をつく術がうまくなるのではないかと思われる人もいるかもしれないが、安心していただけただろうか。私たちの嘘発見メソッドは、人間の刺激反応をベースにしている。そういった反応を意識して控えめにしたり一部隠したりすることはできても、それ以外の行動はやはり隠しきれない。そして嘘を露呈してしまうのだ。

＊　＊　＊

嘘やごまかしを見つけ出す分野に携わっていると、私たちはよく、家庭生活に影響が出るのではないかと尋ねられる。フィルは長い間、両者の間には何の関係もないと信じ込んでいた。つまり、仕事と家庭生活は、何の関わりも持たない別々の世界だと思っていたのだが、あるとき現実を直視させられることになった。

フィルの息子、フィリップが高校二年生になったとき、フィルと彼の妻デビは、息子に初めてのガールフレンドができたと聞きおよんだ。しかし、その年頃の多くの若者と同じように、フィリップは一切そのことを親に明かそうとはしなかった。当然のごとく、フィルとデビは、息子の人生におけるこの画期的な出来事に興味津々だったが、手にした情報はたった二つだけだった。「アシュリー」という名と「チアリーダー」という単語である。

フィルはときおり、フットボールの練習に出かけた息子とその友人を、家族が所有する大型車で家に送り届けていた。そんなあるとき、助手席に座っていた息子の親友ラモーンが、後部座席にいたフィリップと他の友人たちに話しかけた。フィルは、ラモーンが「アシュリー」という名を口にするのに嫌でも気づかないわけにはいかなかった。

数分後に会話がふと途切れたとき、フィルはラモーンに目を向けた。そして、極力なにげなく努めながら、無邪気を装って彼に尋ねた。「アシュリーは……チアリーダーなのかい？」ラモーンが答えるよりも早く、フィリップが後部座席から叫んだ。

「ラモーン、答えちゃだめだ！　なにげない質問のふりをしているだけなんだからね！」

こうしてフィルの試みは失敗に終わったのだった。

一方、スーザンも、いかに子どもたちが、私たちが編みだした嘘発見のテクニックを身につけているかを知ることになる。いまでは十代の少女に成長した娘ローレンにもボーイフレンドができた。このボーイフレンド、ボビーがある日たまたま、彼の妹キャロラインが飼い犬のひげを切ってしまったとスーザンの家族に明かした。それを聞いて、スーザンの家族は、なんて馬鹿なことをしてしまったんだろうね、と言い合った。動物は、ひげを触覚のように使って、狭い場所を通り抜けられるかどうかを知るのだからと。

それから一週間ほどたって、ローレンが家族の飼い犬セイディーと遊んでいたとき、ひげと眉毛の一部がなくなっていることに気づいて母親に伝えた。スーザンはすぐに、小学生の息子、ニックの仕業ではないかと疑った。というのも、ニックはキャロラインの同級生で、おそらく同じことをして彼女に自慢したかったのではないかと察したからだ。

その次の日曜日、ローレンが運転する車で教会に行く途中、スーザンはニックにこの一件を問い詰めることにした。「ニック、どうしてセイディーのひげと眉毛を切ったりしたの?」と彼女は尋ねた。そのときニックが見せた反応は、まさに値千金だった。

「ママ、神に誓って言うよ、セイディーのひげなんか触ってもいないよ!」ニックは宣言した。「ママは、犬にはひげが必要だって言ったでしょ、だからぼくはそんなことしないよ! ポリグラフをやったっていい! 聖書に誓って言うよ、セイディーのひげなんか切ってないって!」すぐにローレンが唱えだした。「宗教を持ち出す……詳しすぎる説明……説得力のある発言……」スーザンは、プロの自制心を奮い起こして笑い出したくなるのをぐっとこらえた。そのとき初めて、自分の仕事がどれほど娘に影響を与えているかを知ったのだった。

このように、私たちの仕事は生活の一部になっている。目と耳を同時に働かせる〝Lの二乗モード〟を使っているわけではないとはいえ、人の行動を読み、嘘を見抜くスキルは単にオンとオフに切り替えられるものでもない。さらには、こうした能力が、時には邪魔になることもある。

私たちの親しい友人かつ同僚（仮名リチャード）の話をしよう。リチャードは嘘発見メソッドの開発に長年関わってきた。人の行動を読み取る能力は、誰よりも抜きん出ている。最近、彼は体の不調を感じて診察を受けたところ、癌の疑いがあるため、組織検査を受けるように医師に勧められた。セカンドオピニオンを得たところ、癌の疑いは低いと言われたので、私たちはみな、検査しても結果は陰性で軽い病気ということに落ち着くかもしれないと希望を抱いた。

検査手術を受けたリチャードは、一一日後に結果報告を受けることになった。永遠に続くかと思われた長い一一日間がようやく終わりを告げ、予約していた診察を受けに出かけた彼は、すぐに不穏な気持ちになった。というのは、診察室に入ったときに看護師が示した行動から、悪いニュースが待っていると察せざるをえなかったのだ。医師に迎えられた数秒後には、この印象が決定的になった。

リチャードには、悪事を働いたと責められた無実の人が最初に口にする言葉が否定であるのと同じように、もし医師が伝える内容がグッドニュースであれば、最初に口にするのもそのニュースであるとわかっていた。ところが医師はリチャードに椅子をすすめると、組織検査のために行った手術の傷は順調に癒えているかと尋ねたのである。

人の行動を読み取る能力にマイナスの面があるとすれば、できれば知らないですませたいことを知ってしまうことだろう。私たちはみな、自分の暮らしがこうなってほしいと望みや期待を抱いている。そういった思いが、相手の心を読むプロセスに影響を与えてしまうのだ。だからこそ、相手を信じたいと、とかく必死になってしまうのである。日々の生活で生じる状況は、通常、客観的で私情をはさまない分析にはそぐわない。人間の感情が関与しているため、真実を知ることが受け入れがたいこともある。しかし覚えておかなければならない。たいていは、真実を知ることは結果的に最善の利益をもたらすことになると。

リチャードは、結局、癌を患っていることが判明した。どんなにつらくても、それが真実だった。そしてそれは、つらかろうがなかろうが、真実こそ重要であるという事実を思い出させてくれた。現実を無視することは、リチャードにとって最善の行動にはならなかっただろう。真実を知ったからこそ、彼は突きつけられた問題を克服するための計画を立てることができたのだった。

一九八〇年代初頭のある夏の日の午後、CIA本部のアトリウムを横切って、その日ポリグラフ検査を行うことになっていた人物を出迎えに行ったとき、フィルは大理石の床に嵌めこまれた巨大なCIAの紋章に目をやった。すると、いつもと同じように、二つの思いがこみあげてきた。一つは、CIAの局員である幸運と誇りに胸が熱くなる思い。そして二つめは、人が嘘をついているかどうかを見抜くことを任務にしているという驚きだった。

その日、フィルは、それまで積んできた数年の経験において、もっとも手ごわい被検者を扱うことになっていた――心理学者である。ここで〝スミス博士〟と呼ぶことにするこの心理学者は、CIAの医療業務部の採用募集に応じてきたのだった。十分な資格は持っていたものの、彼には気になる横柄さがあっただけでなく、その尊大な態度以上にさらに気がかりなところがあった。フィルにはそれが何なのか特定できなかったが、自分の直観を信じるべきであることを、彼はすでに学んでいた。その日のポリグラフ検査は、非常に骨の折れるものになりそうだった。

ポリグラフ検査前の面接で不正行為について尋ねたとき、スミスは、過去に一時、大麻を使用したことしか口にしなかった。しかしフィルは、ほかにも隠していることがあるにちがいないと感じた。というのは、とりわけ犯罪行為に関する質問で、居心地の悪そうなそぶりを見せたからである。フィルは、この分野の質問に関して彼が見せた反応に自分の意識が集中していくのを感じた。それは、まださほど経験のない若いポリグラフ検査官が、アイビーリーグで教育を受けた、すでに実績のある心理学者に行動分析で挑むという、ほぼ超現実的な状況だった。

フィルが数多くの欺瞞行動を記録し、分析するメソッドを編み出すのは、まだずっと先のことである。しかし彼は、こと嘘の検出に関しては、早くから自分に特別な能力が備わっていることに気づいていた。彼の実績がそれを裏付けていた。それにしても、ベテラン心理学者との対決で勝利を収めることなど彼に期待できただろうか。博士が心理ゲームを操れることは間違いなかった。いったいどんな暗い秘密を抱えていたのだろう。相手はそれを隠し通せたのだろうか。

スミスが「大人になってからは不正行為を一切行ったことがない」と言うのを聞いて、フィルは嘘だと確信し、質問をこの分野に集中させはじめた。質問を重ねるたびに、スミスの行動は徐々にほころびを見せてきた。そしてついに告白したのである。下半身不随の患者をだまして、麻痺は精神的なものからきているのだから自分の言う通りにすれば歩けるはずだと言い、患者を壁に寄りかからせて、さあ、歩きなさいとよく命じていたと。非力な患者が床に倒れるのを見るのが面白かったのだ。治療がすぐにでも必要だったのは、ＣＩＡで働くことを希望していた、この一見立派なべテラン心理学者のほうだったのである。

スミス博士から自白を引き出すことができたのは、フィルの質問と、尋ね方にあったことはまちがいない。この逸話を紹介した理由は、本書で説いてきた嘘発見メソッドや具体的な質問の仕方および面接時の戦略が完成するずっと前から、こうしたテクニックの初歩的なバージョンが、甚大な影響をおよぼしかねない状況で使われ、驚くほどの成功を収めていた事実を伝えたかったからだ。本書を通してあなたがいま手にしている情報の効果や応用力は、フィルがスミスに対峙した当時と比べて数段向上している。

最後に伝えておきたい重要なことがもう一つある。私たちはときおり、こんな質問を受ける。「スミス博士のような人物や戦慄させられるような凶悪犯罪を犯した人物を扱っていながら、どうしてうんざりしたり不機嫌になったりせずにいられるのか。あるいは、どうして社会が向かう方向に悲観的にならないでいられるのか」。

答えの一つには、私たちが、人を裁くことを頑として拒んでいることがある。自分の人生でやり直したいことなどまったくないと心底言える人はほとんどいないだろうし、私たちがそんな人間であるふりをするつもりも毛頭ない。さらには、地上を歩いている人で、一度も嘘をついたことのない人など、ほぼ皆無だろう。人を裁くのは、司法にゆだねたい。私たちの使命は、嘘発見メソッドと、それに関連する面接テクニックと対立的にならずに尋問を行うテクニックを使って、真実を明らかにすることだけだ。

しかし、それよりもっと重要な理由は、仕事を通して見てきた人間の悪い面をはるかに超える数の善い面を目にしてきたためだろう。私たちの国家、そして世界中にいる同胞の安全と危機管理に命を捧げる無数の人々と共に働くという幸運に恵まれた私たちは、数多くの利他的な献身や本物の犠牲を目にし、仕事で得られる経験に常に心を奮い立たせられてきた。本書が嘘をスパイすることで、人々の不誠実さを見抜く役に立つならば、そういった不誠実が引き起こす問題を正すために、あらゆる立場にいる善き人が日々善い行いをしているという事実をいま一度思い起こすきっかけになってほしいと願っている。この発言はまぎれもなき真実であることを忘れないでいただきたい。

やるべきこと

- 練習を積むこと。それも数多く。トークショー、インタビュー、ニュース、質問に答えることが求められる公開討論会などを観よう。ゴルフのたとえを借りるとすれば、私たちはクラブの握り方とスイングの仕方を伝授したようなものだ。どれだけ良い成績をあげられるかは、完全に練習量にかかっている。
- 大切な人にはメソッドを使わないようにすること。
- この新たに手に入れたスキルを、善い目的だけに使うこと。

やってはいけないこと

- 相手を読み取っていることを気づかせてしまうようなことを言うこと。それをすると、相手は身構えてしまう。特定の欺瞞行動を示したことを相手に明かして、その理由を問うようなことは避けよう。たとえば、アンカーポイントの動きが見られたことを明らかにしてしまったら、相手は残りの時間、体を動かさないように努めるだろう。そうなれば、とても重要なツールになった可能性のある手段をみすみす逃してしまうことになる。

●クラスタールールや、本書で説明した欺瞞行動に集中することから逸脱してしまうこと。過度に攻撃的な態度をとっても役に立たない。まつげがはためくのを見ただけで「逮捕しろ、ダノ」〔テレビドラマ『ハワイ・ファイブ・オー』の決め台詞〕などと言い出すようなことは、ゆめゆめ控えるように。

●本当に答えを知りたいと確信できないときには、メソッドを使って質問するのはよそう。

●脳は自分の思い通りのことをやり、私たちもそれに従うしかなくなることがある。それと同じで、欺瞞行動を操ろうとしても、ほとんどの場合、脳が邪魔して嘘を露呈してしまう。

●こうなってほしいと思う望みや期待が、相手の心を読むプロセスに影響を与える。

付録

付録I　状況別の質問例

本書で紹介したメソッドの効果は、分析する行動を生じさせるための質問に大きく左右される。そのため、質問の作成に役立つように、ここに状況別の質問のリストを掲載した。私たちの経験によると、ここに挙げた質問はそれぞれの状況で高い効果を発揮し、他の状況でも質問作成の指針になることがわかっている。ただし、どのリストについても、しなければならない質問のチェックリストとはみなさないでいただきたい。質問の内容や質問の順序は、個々の状況やあなたの好みによって異なるからだ。また、どんな状況でも、網羅的質問*は役に立つことを覚えておいていただきたい。

IのI　ベビーシッターを雇うときにする質問の例

わが子の世話をしてくれる人を探すときほど、面接が重要になる状況はないだろう。掘り下げた面接（両親が揃っている場合には、二人で面接を行うこと）に加え、応募者の背景調査には、犯罪歴のチェック（全国および地域の性犯罪者登録簿も調べること）や推薦状の綿密なチェックが欠かせない。少なくとも推薦状のうちの一通は、本人以外の人によって作成されたものであることが必要だ。

面接に際しては、ある時点でお子さんを候補者に会わせよう。これは、たとえお子さんが乳幼児の場合でも必要だ。応募者に会ったお子さんは、居心地の悪い思いをしているように見えないだろうか？　子どもたちは安心できる人を見分ける能力を生まれながらにそなえているらしい。採用面接の際には、この事実を考慮に入れよう。また、応募者がお子さんに関わるやり方や、赤ちゃんを抱く様子を観察するときには、自分の直観を信じてほしい。応募者が示す手つきや心のこまやかさのレベルは安心できるものだろうか？　お子さんが乳児の場合、応募者は赤ちゃんの衣服や身の回りをきちんと整えようとするだろうか？　応募者がこのような細かい配慮を払おうとすることは、「赤ちゃん第一」という姿勢を示しているため、重要なポイントになる。さらに応募者は、赤ちゃんが快適に過ごすための適切な質問や、乳幼児のニーズに精通していることを示す質問をするだろうか？　このような観察を行いながら次に挙げる質問をしてみよう。

- ●なぜ、ベビーシッターになったのですか？
- ●ベビーシッターの経験はどれだけありますか？
- ●いままで、どんな年齢の子どもたちを世話してきましたか？
- ●どの年齢の子どもたちの世話が一番楽しいですか？　その理由は？
- ●どの年齢の子どもたちの世話が難しかったですか、あるいは難しいと思いますか？　その理由は？
- ●男の子と女の子の両方ともを世話した経験がありますか？
- ●性犯罪者登録簿を調べたら、あなたの名前が見つかるという可能性はありますか？
- ●ベビーシッターの仕事をしていて、もっとも報われることは何ですか？
- ●ベビーシッターの仕事をしていて、もっとも嫌なことは何ですか？

●いままで世話した子ども（乳児）のなかで、もっとも難しかった子について教えてください。
●子ども（乳児）を世話する仕事をしてきたなかで、もっとも難しかったことは何ですか？
●子どもが泣いたときには、どれだけ経ってからチェックしますか？
▽**フォローアップ**　その理由は？　（どうしてそうするのか、応募者に説明するよう求める）
●赤ちゃんが泣いたときには、どれだけ経ってから抱き上げますか？
▽**フォローアップ**　その理由は？　（どうしてそうするのか、応募者に説明するよう求める）
●子どものしつけについて、どう考えていますか？
●世話した子どもに対してした、もっとも厳しいしつけは何でしたか？
●ベビーシッターとして経験した、もっとも重大な緊急事態は何でしたか？
●どのような救急医療処置や緊急対応のトレーニングを受けていますか？
●いままでサービスを提供してきたなかで、もっともやりにくかったのはどんな家族でしたか？
▽**フォローアップ**　どこがやりにくかったのですか？
▽**フォローアップ**　いま考えてみて、あなたがほかのやり方をしていれば、そのときの状況がみなにとって、もっと良いものになっていたと思えることがありますか？
●ベビーシッターの仕事をするうえで、もどかしい思いをするのは、どんなことですか？
●カッとさせられる子ども（乳児）の行動は、どんなことですか？
●子どもの世話をしているときで、もっとも最近、カッとなったとき、またはなりそうになったときはいつですか？
●世話をするのがもっとも難しい子どものタイプとはどのようなものですか？
●子どもの世話をしていたときの最悪の経験は何ですか？

●推薦書では、ベビーシッターとしてのあなたの最大の長所をどう言っていると思いますか？
●推薦書では、ベビーシッターとしてのあなたの最大の短所をどう言っていると思いますか？
●両親がはっきりと禁止していることを子どもが望んだり要求したりしたときに、あなたが子どもの要求をのむような状況とはどのようなときですか？
●推薦書に、あなたをベビーシッターとして推薦するのをためらうことが記載されている可能性がありますか？
●私が知っておくべきことで、まだあなたに質問していないことがありますか？

ⅠのⅡ　薬物使用と飲酒についてわが子に尋ねるときにする質問の例

お子さんに潜在的な薬物使用や飲酒について訊くときには、非難するような調子をとらずに、抑えた口調で質問することがことに重要になる。そういった態度で接すれば、お子さんとの良好な関係が維持できるだけでなく、答えの信頼性も向上する。なぜなら、質問の反応として生じた行動は純粋に質問に対する反応で、お子さんが攻撃的な態度や脅すような態度だと感じ取ったものに対して見せた反応ではないことが確かになるからだ。お子さんが話しだしたら、カッとなったり、非難するような態度をとったりするのは控えよう。もし自分を抑えることができそうにないと思えたら、家族のほかの誰か、または親しい友人に質問してもらったほうがいいだろう。その際は、お子さんと年齢が近い人に頼むのが望ましい。もう一つ重要なのは、お子さんが薬物や酒類の影響下にあると思われたときは避けることだ。そういったものの影響を受けているときには、観察した欺瞞指標の信頼度が損なわれる可能性がある。

お子さんが告白した内容をただちに追及しないよう努めることも重要だ。たとえば、大麻を試してみたことがあると認めたようなときには、その際のことを追及したくなる気持ちをぐっと抑えよう。そうする代わりに、お子さんの告白を受け入れ、しばらくそのことは脇に置いておいて、ほかに試してみた薬物がないかどうか尋ねよう。ただし、告白するたびに、あなたがその告白をさらに深く追及するつもりであると警戒感を抱かせないようにすることが肝心だ。そうすれば、お子さんを構えさせずに、薬物使用の全貌を引き出すことができる。この全貌を手にしたあとで、それぞれの告白内容をさらに掘り下げて追及しよう。その際には、最後に認めたことから質問するといい。というのは、最後に認めたことはもっとも重大なケースで、お子さんがあなたに一番言いたくなかったことである可能性が高いからだ。もっとも難しい問題を最初に片付けてしまえば、お子さんは、残りのあなたの質問を受け入れやすくなる。質問内容については、このあとに掲げるリストを指針にしていただきたい（必要に応じて、〝薬物〟を〝酒〟と読み替えていただきたい）。質問する際には、ふだんお子さんと話すときと同じような自然な言葉で尋ねるように気をつけよう。

- いま、どんな薬物が流行っているの？（お子さんを取り巻く薬物文化にどれだけお子さんが馴染んでいるかについて感触を得ることができるため、この質問は、早めにすることが大事だ。）
- 勧められた薬物にはどんなものがある？
- どんな種類の薬物を実際に見たことがある？
- どんな種類の薬物を試してみたことがある？
- 一番やってみたいと思った薬物は何？
- 友達がやっているところを見たことがある薬物は？
- 学校（近所）では、薬物の状況はどうなっているの？

- あなたの友達が、あなたが薬物をやっていたと親に話している可能性はある？
- パーティーなどで、薬物を見て驚いたことがある？
- 友達が薬物をやっていると聞いて驚いたことがある？
- 薬物検査をするように言われたら、どう思う？
- 薬物をやってみたくなったときの気持ちを、一が〝ぜんぜんない〟、一〇が〝もう少しでやるところだった〟という一〇段階評価で点をつけるとしたら、どれが一番近い？
- 何かの薬物をやってみたいと思うような状況って、どんなとき？
- 私が知っておくべきことで、まだあなたに訊いていないことがある？

IのⅢ　浮気に関する質問の例

浮気の問題は、決して安易にアプローチしたり、何気ない会話の中で持ち出したりしてはならないトピックだ。配偶者や恋人に浮気の件について話を切り出すのは、たとえ相手が浮気をしていようがいまいが、非常に感情的な状況をもたらしかねない。うまくことを運ぶためには、自分の感情を最大限にコントロールして、可能な限り冷静になることが必要だ。浮気に関する質問をする際には、相手の行為が、自分がした質問への反応として生じたものであり、あなたのふるまいに対して感情的に発せられたものではないことを確実にしなければならない。浮気の問題の取り扱いは並外れて困難だが、とくに、相手を待ち伏せて攻撃するような印象を与えないように極力努めよう。相手を突然問い詰めるのではなく、まずは、自分の容姿や年齢など、自分自身が負い目を抱いているようなことについて語ってから、本題に入っていくといいかもしれない。

「ぼくのことなど、もう愛していないんだろう」とか「私に飽きてしまったのね」などという言葉で相手を攻撃することから話を始めるのは得策ではない。こういった発言はかえって相手の守りを固めてしまい、質問に対する反応に影響を与えてしてしまう可能性がある。また、会話が口論に移行しないように十分注意しよう。口論になってしまったら、情報を探るための扉は閉じられてしまう。

相手が一度浮気をしたことを認めた場合は、感情的に反応することなく相手の話を受け入れ、ほかにもそういったことがなかったかどうか尋ねよう。この「ほかに浮気したのはいつか」という質問は、相手が欺瞞行動を伴わない否定の答えを返すまで、または心理的固着化が生じていることが明らかになるまで尋ね続けよう。その時点に至ったら、いよいよ個々の浮気について追及する番だ。その際は、最後に相手が認めた浮気から質問を始めよう。なぜかと言うと、もっとも深刻な浮気は、相手が最後に認めたものである可能性が高いためだ。

これから挙げる質問例については、そのすべてを問わなければならないわけではないことに注意してほしい。あなたの状況にもっとも適している質問だけを選んでしよう。もう一つアドバイスしたいことがある。それは、どうしても答えが知りたいと思うとき以外は、こういった質問はしないほうがいいということだ。

- ことさら惹かれた相手は誰？　その理由は？
- もっとも最近、浮気しそうになったのはいつ？
- あなたと×××（浮気相手として疑われる人物）の間に何が起きたの？
- あなたが浮気をしていると誰かが言う可能性はある？
- 私たちの関係が始まってから（私たちが結婚してから）、あなたが性的関係を持った私以外の人は誰？
- 私以外の人と最後に性的関係を持ったのはいつ？

●私以外に恋愛感情を抱いている人がいる？
●浮気しようと思うようなときとはどんな状況？
●もっとも最近、あなたを口説こうとして誰かが近づいてきたのはいつ？

▽**フォローアップ**　そのあとどうなったの？

●私が知っておくべきことで、まだしていない質問がある？

ⅠのⅣ　窃盗に関する質問の例

窃盗が生じる状況は、ほぼ無限にある。盗まれる物も金銭や有形財から秘密まで多岐におよぶ。そのため、あらゆる窃盗状況に使える万能の質問リストを作成するようなことは不可能だが、それでも、ほとんどの窃盗状況に使うことができる基本的なコンセプトというものは存在する。そうしたものを活用すれば、質問者は相手が有罪かどうかについて、よりよい感触を得られるはずだ。もちろん、これから示す質問のリストは、窃盗に関わるあらゆる状況を網羅するようなことは意図していない。とはいえ、これらの質問の基にあるコンセプトは役に立ち、個々の質問を状況に合わせて修正すれば、ほとんどの窃盗のケースに使えるだろう。

●紛失した（金銭、コンピューター、車など）について、あなたが知っていることは何ですか？
●（　　）の紛失に、あなたはどう関わっていましたか？
●紛失した（　　　）は、いまどこにありますか？
●紛失した（　　　）がなくなる前、その近くにあなたがいたことを監視カメラが捉えている可能性はあ

ります か?

●紛失した（　　　）がなくなった場所で、あなたを見たという人が現れる可能性はありますか?

●紛失した（　　　）がなくなった場所から、あなたの指紋が見つかる可能性はありますか?

●紛失した（　　　）がなくなった場所に、あなたが最後にいたのはいつですか?

●紛失した（　　　）を盗んだ犯人はあなただとする結果が法医学調査により示される可能性はありますか?

●誠意の印として、自腹を切って損失を補塡してもいいと思いますか?（もし質問した相手が犯人ではなければ、その人はおそらく「正気ですか?　盗んだのは私じゃないのに、なんでそんなことをしなきゃならないんです?」などと言うだろう。一方、犯人は同意しないとしても、考えてみると言うかもしれない。相手の反応が「どうかな。それは面白い考えですね……ちょっと考えてみなければなりませんね」などというものだったら、問題ありとみなすべきだ。）

●私が知っておくべきことで、まだしていない質問がありますか?

付録Ⅱ　メソッドに基づいた分析の実例——ジェリー・サンダスキー事件

本書が印刷に回ったとき、ペンシルベニア州立大学アメリカンフットボールチームのアシスタントコーチだったジェリー・サンダスキーは、少年たちに性的虐待を行った容疑で、一か月間に二度逮捕されていた〔逮捕当時の年齢は六七歳〕。最初に逮捕されたのは二〇一一年一一月五日。八人の少年に性的虐待を行ったとする四〇件の容疑で告訴され、一〇万ドルの保釈金を払って保釈された。二度目の逮捕は、さらに二人の被害者が名乗り出て、性的虐待で彼を告訴した一二月七日。サンダスキーは、その翌日、二五万ドルの保釈金を支払ってふたたび保釈されたが、自宅監禁と電子監視モニターの装着を命じられた。

二度目に逮捕される前の一一月一四日、NBCのスポーツキャスター、ボブ・コスタスがサンダスキーに電話取材を行った。そして、その三日後の一一月一七日に、私たちは、この取材内容の分析結果をウェブに投稿した。一般向けの言語分析を行う際に、私たちがどのようにメソッドを活用しているかを示す例として、ここにその分析内容を掲載することにする。

指摘しておかなければならないのは、分析結果をウェブに掲載した時点では、サンダスキーは容疑を否認し、無罪を主張しており、いずれの容疑についても有罪を宣告されていなかったという事実だ。この分析は、あくまで取材におけるサンダスキーの行動観察に基づく著者らの私見であり、いかなる罪状についても彼が有罪である証拠とみなすべきではない。この事実をご了解いただいたうえで、私たちが作成した分析結果をこれからご覧いただこう〔サンダスキーは二〇一二年一〇月に、最低三〇年最高六〇年の刑期が確定して現在服役中。しかし二〇一三年三月に無実を訴えて上告している〕。

要旨

ペンシルベニア州立大学フットボールチームの元アシスタントコーチ、ジェリー・サンダスキーは、複数の未成年者に性的虐待あるいは性行為を行った容疑で告発された。この申し立ては、告発された事件の性格から、すべてとは言わずとも、ほぼすべての容疑についてサンダスキーが有罪であると多くの人に思わせた。二〇一一年一一月一四日にNBCのボブ・コスタスが行った取材における私たちの評価も、同様の結論を強く支持している。とはいえ、さらに気がかりなのは、私たちの行った分析では、子どもたちに対するサンダスキーの不適切な接触は、起訴状で申し立てられた事例だけに限らない疑いが示唆されたことだ。サンダスキーは取材のなかで、非常に多くの欺瞞指標を示しているが、とりわけ注意を引くのは、申し立て内容に関する直接的な質問に対し、一貫して否定できない*という事実である。

これから示すのは、コスタスがサンダスキーに電話取材した際のやりとりを忠実に書き起こしたものである。その一部には、サンダスキーの弁護士で、コスタスとともにスタジオにいたジョーゼフ・アメンドーラの発言も含まれている。私たちが行った行動分析は、サンダスキーの返答のあとに記す。

コスタス　ミスター・サンダスキー、四〇件におよぶ起訴状とそれぞれの詳細な内容を綴った大陪審の報告書が提出されています。また、原告も複数おり、さまざまな虐待を目撃した証人も複数います。分別のある人なら「これほどの煙が立っていれば、大量の火事が生じているにちがいない」と言うでしょう。

これについて、どう釈明されますか？

サンダスキー　これらの告訴について、私は無実だ。

分析

この冒頭の質問でコスタスが本質的に伝えているのは、コスタス自身、起訴状の申し立てが真実であるとみなしているということだ。つまり、サンダスキーにしてみれば、自分が問題の子どもたちに性的虐待をしたに違いないとコスタスが確信していることがわかったわけである。しかしサンダスキーは、これらの嫌疑を直接否定することはせずに、「私は無実だ」と答えている。行動分析ではこのような発言を〝虚偽の否定〟と呼ぶ。もしサンダスキーが、より直接的な否定をしていたら、「どの子についても性的いたずらなどしていない」というような答えを返していただろう。サンダスキーの実際の答えは、子どもたちに性的虐待を行ったことを否定するものではなく、法的な面に的を絞って口にされたものだ。圧倒的な証拠があっても、罪を犯した人が無罪放免になるケースが山のようにあることは周知の事実である。

私たちの評価は、嘘をついていると見受けられる多くの者と同じように、サンダスキーも「私はやっていない」という、あからさまな嘘をつくことに困難を感じている可能性があるというものだ。彼が子どもたちに性的虐待をしていたのだとすれば、あからさまな嘘をつくよりも、「無実だ」という間接的な嘘をつくほうがはるかに楽だ。もしかしたら、あまり目ざとくない陪審員たちが無実の評決を下してくれることまで期待して、このような答え方をしたのかもしれない。

コスタス　無実だと言うんですか？　完全に無実で、どの点についても不当に訴えられたのだと？

サンダスキー　まあ、そうとも言える。わかるだろう、そういったことのいくつかはやったことがある。

子どもたちとふざけたこともあるし、トレーニングのあとに一緒にシャワーを浴びたこともある。抱きしめたこともあるし、性的な接触はせずに脚をさわったこともある。だが、そうだな、だからそういう面から見れば、正確なこともある。

分析

明らかに、サンダスキーの最初の返答に信憑性がないと感じたコスタスは、サンダスキーが〝起訴状の内容に記載されていることはすべて真実ではない〟と言ったり示唆したりしているのかどうかを確かめるために彼を問い詰めている。それに対するサンダスキーの反応には複数の欺瞞行動と、彼が有罪であるかどうかに関わる重大な意図せぬメッセージが一件含まれている。サンダスキーは「まあ、そうとも言える。つまり、そういったことのいくつかはやったことがある」という言葉で返答を始めているが、私たちの評価では、サンダスキーは起訴状に記載されている申し立てについて、それらのすべてではなくとも大部分が事実であることを意識しており、すべてを否定することには心理的な困難を抱えているために、このような発言になったものと思われる。いくらかの事実は認めなければならないと考えたサンダスキーは、おそらく起訴状の申し立てを支持する重要な証拠があることを承知しているために、問題のあるふるまいではあっても違法ではない行為だけについて認めたつもりなのだろう。メソッドに基づいて判断すると、コスタスの質問に対するこの冒頭の発言は、事実に反している可能性を強く示唆している。私たちは、この発言は、サンダスキーが実際に子どもたちに性的虐待を行ったことを示す潜在的な意図せぬメッセージであると考える。この発言と、子どもたちと一緒にシャワーを浴びたこと、および彼らに触れたことについて認めていることを総合すれば、サンダスキーは犯罪現場に置かれたようなものだ。行動分析面から考えると、サンダスキーにとって、このインタビューはすでにうまくいかなくなっている。

コスタス　あなたは、これらの未成年の少年の誰についても、いかなる不適切な性的接触もしていないと主張するのですか？

サンダスキー　そうだ。

分析

コスタスは、サンダスキーに言い逃れをさせないよう、徹底的に彼を追及するつもりらしい。しかし残念なことに、コスタスは質問の中に直接的な否定を含めてしまったため、ある程度までサンダスキーに言い逃れする余地を与えてしまった。サンダスキーは、虚偽の否定を口にする必要がなくなり、コスタスの否定形の質問*に同意するだけでよくなったからだ。行動分析の観点から見ると、コスタスが「これらの子どもたちに対して、あなたはどんな性的な接触や関わりを持ったんです？」のように訊いたほうが、有益な結果が得られただろう。そういった質問に対してサンダスキーがふたたび直接否定で応じることができなかったとしたら、彼が罪に問われる可能性はのっぴきならないレベルにまで高まっていたことだろう。

コスタス　一度も性器を触っていないと？　一度もオーラルセックスをしていないと？

サンダスキー　その通りだ。

分析

ここでも、サンダスキーと子どもたちとの間に不適切な性的接触が存在したことを確認しようと粘り強く迫るコスタスの努力を称賛したい。しかしコスタスは、ふたたび否定形の質問をすることによって、サンダスキーをある程度まで言い逃れさせてしまっている。このような質問に対して、サンダスキーは同意するほかない。とはいえ公正を期して言えば、コスタスはアプローチを情報収集モードから、誰が見ても馬鹿げて聞こえる話をサンダスキーに続けさせるというものに意図的に切り替えたのかもしれない。

コスタス　では、大学院生だったアシスタントのマイク・マキアリーについてはどうなんです？　彼は二〇〇二年にシャワールームに入ったときに、あなたが一〇歳か一一歳ぐらいの少年を暴力的にレイプしていたところに出くわしたと詳しく述べていますが？　少年の両手はシャワー室の壁に押し付けられていて、〝ピシャリ、ピシャリ、ピシャリ、ピシャリ〟というリズミカルな音が聞こえていたと。彼は、それがレイプだったと言っていますが？

サンダスキー　それは嘘だと思う。

分析

メソッドに基づくと、サンダスキーの答えは非常に欺瞞に満ちていると結論付けられる。サンダスキーは、「その少年にレイプなどしていない」とか、さらには「その少年とはいかなる性的接触もしていない」というような直接的な否定をここでもすることができない。この事実に、「それは嘘だと思う」という発言を考え合わせると、この一件は、まぎれもなくマキアリーが描写した通りに起きたことに疑問の余地はないと思われる。サンダスキーは、マキアリーの主張が実際に嘘であるとは主張していないし、その一件が実際には生じなかったとも言っていない。そうする代わりに、マキアリーの主張への反応として「(それは嘘だと) 思う」と発言するに留めている。これら二つの欺瞞指標を考え合わせると、マキアリーが主張する一件が実際に生じていた可……能性はきわめて高いと思われる。

コスタス　彼が嘘をつく動機は？

サンダスキー　彼に訊いてみたらどうかね。

分析

……このサンダスキーの反応には、二つの顕著な欺瞞指標が含まれている。最初の指標は、質問に答えたがらない態度。二番目の指標は、少年との性的な関わりを否定できないことだ。この行動は、一つ前の質問に対するサンダスキーの反応における私たちの分析結果を強く裏付ける。

コスタス　マイク・マキアリーがあなたと少年がいるところに出くわした晩、シャワー室で何が起きたのですか？

サンダスキー　わかった、言おう。私たちはシャワーを浴びていてふざけていた。実際、あの子はシャワーの蛇口を全部ひねって、実際、床の上ですべり、いま思い出すと、おそらくふざけてタオルをピシャリと振り回したりしていたんだと思う。

分析

……サンダスキーが示している欺瞞指標のクラスターは、ここでも引き続き見られる。この答えでは、サンダスキーは修飾語句を使っている。「実際」と「おそらく」がそれだ。彼はまた、「いま思い出すと」という選択的な記憶を使う戦略にも訴えている。このタイプの発言は心理的アリバイだ。私たちの分析では、覚えていない、あるいは覚えていないとほのめかすことにより、サンダスキーは、コスタスに真実の追及を難しくさせようとしているという結論が導かれる。

コスタス　一九九八年に、ある母親が、あなたが彼女の息子とシャワーを浴び、不適切に彼に触ったとしてあなたに立ち向かいました。その際、二人の刑事がこの母親とあなたの会話を盗聴して、あなたが「もしかしたら陰部が彼女の息子に触れたかもしれない」と認めたのを耳にしています。そこで何が起きたのですか？

サンダスキー　いや、そのとき何を言ったのかは、正確には思い出せない。そのことについて言えば――実際に言ったのは、もし彼がそう感じたのだとしたら私が悪かった、ということだ。

分析

このやりとりについて私たちが行った行動分析では、サンダスキーが回りくどい言い方で、問題の少年と性的接触を実際に持ったこと、そしてその接触は「悪い」種類のものだったと認めているものと示唆される。さらに、彼の選択的な記憶（「いや、そのとき何を言ったのかは、正確には思い出せない」）は、自分にとって不利になる詳細を提供せずにすませるための行動的策略を明確に示していると考えられる。

コスタス　このときの一連の会話のなかで、あなたは「わかった。私が悪かった。許していただけるといいのだが」と言いました。そして母親に向かって、「あなたが許してくれないのはわかっている。死んだほうがましだ」と言っています。不当に非難された男性、あるいは行為を誤解された男性だったら、そんなふうには反応しませんよね、ちがいますか？

サンダスキー　どうかな。私の記憶にあるかぎり、死んだほうがましだとは言っていない。私は、和解できると思っていたんだ。

分析

コスタスはこの質問によって、いままでの返答およびそれらに関連した行動が、申し立て通りの罪を彼が犯したことを示しているとサンダスキーに伝えている。しかしサンダスキーのほうでは、追及されたことを全面的に否定するのではなく、コスタスの質問に含まれていたマイナーな件だけを取り上げて、「死んだほうがましだ」と言ったことは記憶にないと発言している。依然として直接かつ力強く嫌疑を否定することができないという事実は、行動学的観点から見ると非常に問題のある状況であり、メソッドに基づいて行った私たちの評価では、サンダスキーが罪を犯している強い可能性が、ここでも引き続き示されている。

コスタス　そのすぐあと、二〇〇〇年に、あなたがペンシルベニア大学の更衣室のシャワーで、少年にオーラルセックスをしていたところを見たと用務員が言っています。それは実際に起きたのですか？

サンダスキー　いや。

分析

興味深いことに、コスタスがサンダスキーに対して彼の行動と返答には信憑性がないと指摘したいま、サンダスキーは特定の嫌疑については、より直接的に答える必要があることに気づいたようだ。そのため、ここでは率直に「いや」と答えている。コスタスは、答えが受け入れられないものであるとサンダスキーに気づかせることにより、無意識のうちに、彼の行動を大幅に、かつ不自然なものに変えさせたのかもしれない。

コスタス　実際に起きていないのに、なぜこれほど極端でショッキングなことを見たなどと思えるんです？　そんなことをでっち上げる動機とはいったい何だと言うんです？

サンダスキー　彼に訊くしかないな。

分析

粘り強く追及を続けるコスタスは、サンダスキーの「いや」という答えを受け入れない。一つ前に取り上げられた件で問い詰められたサンダスキーは、いかなる否定もできないという以前の癖に逆戻りし、コスタスの注意を用務員に向けて、質問を回避しようとしている。メソッドに基づいてサンダスキーの反応を総合的に考えると、ここでも、彼が有罪であることが強く示唆される。

コスタス　もしこれらの非難がすべてでっち上げられたものだというなら、あなたは私たちが未だかつて聞いたことがないほど不運で迫害された人だということになりますね。

サンダスキー　私に何を言わせたいのかわからんね。ここしばらくが私の人生最良の日々であるとは思っていないが。

分析

非常に信憑性があると思われる証拠を目の前にして、サンダスキーが信憑性のない答えを返すことに苛立ちを募らせたらしいコスタスは、自分の疑いを皮肉の形で口にしている。これほどあからさまな皮肉に直面しても、サンダスキーは子どもたちに性的虐待をしたという疑いを具体的に否定できない。彼はまた、「ここしばらくが私の人生最良の日々だとは思っていないが」という、おそらく非常に正直な発言をしている。もしサンダスキーが、私たちの行動評価が示唆しているように、申し立てられた嫌疑について有罪だとすれば、彼には、ここしばらくが「最良の日々」ではないと感じるもっともな理由があるわけだ。

コスタス　（ラジオの聴取者への説明）サンダスキーの弁護士、ジョーゼフ・アメンドーラ氏は、ペンシルベニア州が八人の被害者を挙げてサンダスキー氏を告発した件は事実とは異なると主張しています。

コスタス　あなたは数日前、「私たちの抗弁で、もっと多くのことが明らかになる予定だ」と言いましたね。大まかに言って、それは何ですか？

アメンドーラ　複数の子どもたちが――いわゆる八人の子どもたちの何人になるかはわかりませんが――少なくとも数人の子どもたちが名乗り出て実際には起きなかったと――つまり〝これは私のことだ、申し立てはこうだが、そんなことは生じなかった〟と言うことになると予測しています。それどころか、もっとも重大な主張――マキアリーの主張ですが――については、マキアリーが見たと言っていることについて、当の子どもがそれは実際に生じたことではないと発言しているという情報を入手しています。いまでは大人になっていますが。

コスタス　私たちはいままで、被害者とされている人たちの身元は不明だと聞かされてきました。あなたは、本人を突き止めたのですか？

アメンドーラ　私たちはそう思っています。

コスタス　では、あなたは本人を見つけ出したのですね。ペンシルベニア州が突き止めていないのに？

アメンドーラ　そうです。意外ですよね。

コスタス　あなたは、ご自分のお子さんを、あなたの依頼人と二人きりにするようなことができますか？

アメンドーラ　もちろんですとも。私はジェリーが無実だと信じています。実を言うと、ボブ、だからこそ私は彼の弁護を引き受けたんです。

コスタス　彼の無実を信じていると？　彼の罪を軽くできると思っているだけでなく、実際に無実だと信じているんですね。

アメンドーラ　彼は無実だと信じています。

コスタス　（ラジオの聴取者への説明）一方、チームを何度も全米チャンピオンに輝かせることにおいてジョー・パターノ〔名ヘッドコーチだったが、サンダスキーのスキャンダルで解雇された〕を助けた男はスキャンダルの渦中におり、このかつてのボスを失脚させてしまいました。

コスタス　あなたの知る限り、ジョー・パターノは、二〇〇二年の例の報告以前に、あなたの好ましくない行為に関する情報を入手していましたか？

サンダスキー　その質問に完璧に答えることはできない。私の答えは「ノー」というものになるだろう。

分析

「その質問に完璧に答えることはできない」というサンダスキーの答えには、修飾語句がついている。これは、実際に〝好ましくない行為〟に関する情報が存在し、二〇〇二年以前にパターノがそれに気づいていたとサンダスキーが考えていることを示唆している。

コスタス　ジョー・パターノが、どこかの時点で、あなたの行為について直接あなたに話をしたことが一度でもありましたか？

サンダスキー　ない。

コスタス　一度も？

サンダスキー　ない。

コスタス　彼は、あなたがやったかもしれないことについて一度も尋ねたことがないと？

サンダスキー　そうだ。

コスタス　助けを必要としているのではないか、カウンセリングが必要なのではないかと、一度もあなたに尋ねなかったのですか？

サンダスキー　そうだ。

コスタス　どんなとがめも、一度も口にしなかったと？

サンダスキー　そうだ。

分析

……………………

疑われている〝好ましくない行為〟についてパターノが直接彼に話したかどうかに関わるやりとりでは、サンダスキーは欺瞞指標を示していない。しかし、欺瞞指標が存在しない理由は、コスタスが否定形の質問をした結果として、サンダスキーがうまく言い逃れられたためかもしれない（詳しくは第11章を参照されたい）。

コスタス　ペンシルベニア州立大学、ジョー・パターノ、そしてペンシルベニア州立大学のフットボールプログラムに起きたこと、そしてあなたの関与についてどう感じていますか？

サンダスキー　自分の出身校である大学、一緒に働いた人々、そしてあれほど大切にしてきた人たちについて私がどう感じていると思うかね？　それについて私がどう感じているか？　最悪だよ。

コスタス　最悪だと感じていらっしゃるんですか。あなたは自分が非難に値すると感じていますか？

サンダスキー　質問の意味がわからんが。

分析

……………………

コスタスは非常に粘り強く真実を追及しており、ここでふたたび、サンダスキーが有罪であるかどうかを問い詰めている。サンダスキーは、ここでもまた自分が有罪であることを否定できないばかりか、質問の意味が理解できないという行動まで示している。メソッドに基づいて判断する……と、サンダスキーの行動は、彼が有罪であることを依然として指し示している。

コスタス　あなたは自分に罪があると感じていますか？　自分の過失が招いたことだと感じていますか？

サンダスキー　いや、私の過失だとは思っていない。明らかに私は、この事態に一役買った。

分析

……………………この事態が自分の過失であるかどうか訊かれたサンダスキーは、首尾一貫しない発言をしている。まず、「私の過失だとは思っていない」と言っておきながら、「明らかに私は、この事態に一役買った」と前言を翻しているように見受けられるのだ。私たちの分析では、この矛盾は、これらの嫌疑が事実であることをサンダスキーが意識しており、何も過失を犯していない人物として自分を位置付けるのに苦労していることを示している。

コスタス　どのように一役買ったのですか？　あなたがした過ち、そしてやらなければよかったこととして、一歩譲って認めてもいいと思われることは何ですか？

サンダスキー　そうだな、いま考えると、子どもたちと一緒にシャワーを浴びるべきではなかったと思う。

コスタス　それだけですか？

サンダスキー　ああ。まあ、つまり、もっとも強く感じるのはそのことだ。

分析

……………………一歩譲って認めてもいいと思う過ちについて訊かれたとき、サンダスキーは「子どもたちと一緒にシャワーを浴びるべきではなかった」と認めた。この発言はふたたび、彼を犯罪現場に置くことに相当する。この発言と、インタビュー全体を通しておびただしく示された欺瞞指標を重ね合……わせると、現在までに明らかになったこと以上の問題が、この一件には隠されていると疑われる。

コスタス　あなたは小児愛者ですか？

サンダスキー　違う。

分析……この答えには欺瞞指標は示されていないものの、コスタスが意見を求める質問をした事実に留意することが必要だ。サンダスキーが、自分の行為は小児愛者とみなされる基準に達してはいないと理屈付けして答えた可能性がある。*

コスタス　あなたは少年たち、つまり未成年の少年たちに性的魅力を感じていますか？

サンダスキー　私が未成年の少年たちに性的魅力を感じているかと？　性的魅力を？　いや。何というか、私は若者が好きだ。一緒にいると楽しい。だが、違う。少年たちに性的魅力を感じてはいない。

分析……答えの中で、サンダスキーは顕著な欺瞞行動を見せている。質問を二度くり返しているのがそれだが、これは、受け入れ可能な反応だと彼自身がみなす答えをひねり出すための時間稼ぎの行動だったと思われる。

コスタス　もちろん、あなたには推定無罪の権利が与えられていますし、これから活発な弁護が繰り広げられることにもなるでしょう。しかしその一方で、膨大な量の情報が明らかになっており、常識的で公平な人々が、あなたはおぞましい罪を犯したと結論付けています。そういった人々はとりわけ、ここで問題にしたたぐいの犯罪を許そうとはしていません。こうして、一週間前にはジェリー・サンダスキーという名さえ知らなかった何百万人ものアメリカ国民が、いまではあなたを単なる犯罪者としてだけではなく——私はこの言葉をよく考えたうえで口にしているつもりですが——ある種の〝極悪人《ごくあくにん》〟だとみなすようになったわけです。こうした人々にどう向き合うつもりですか？

サンダスキー　何を言ったらいいかわからないし、いまさら人々の感じ方を変えるために何が言えるかもわからない。ここで言えるだろうことは、どうにかして私の弁護士が闘う機会を手にするまで、つまり、私の無実を晴らすために闘うまで待ってほしい、ということだ。いま私が頼めることはそれしかない。もちろん、それは明らかに難題だが。

分析

〝極悪人〟とまで言われても、サンダスキーは、自分に突きつけられた深刻な嫌疑を否定することができないようだ。さらに「何を言ったらいいかわからないし、いまさら人々の感じ方を変えるために何が言えるかもわからない」という発言は、人々に嘘を信じさせることは非常に難しいという事実に嫌でも気づかせられたことを示していると思われる。これは、サンダスキーにかけられた嫌疑のように許しがたい行為にまつわる嘘の場合には、とりわけあてはまることだ。彼は、これからの数か月、あるいはおそらく何年間もこの嫌疑と向きあわなければならなくなるだろう。

用語集

曖昧な質問――反応に過度な自由裁量を盛り込む余地を与えるため、避けるべき質問。

アンカーポイント――体を特定の位置あるいは姿勢に固定する体の部位。かかとは常にアンカーポイントになる。私たちは、アンカーポイントの動きは不安感を身体的動作によって散逸させるための動作で、潜在的な非言語の欺瞞行動であるとみなしている。

意見を求める質問――ある状況における有責性を測る手段として、相手の意見を導き出す質問。「懲罰に関する問い」もこのカテゴリーに含まれる。例「食い逃げした人には、どんな罰が与えられるべきだと思いますか？」

意図せぬメッセージ――嘘をついている人が口にする真実の発言。その発言の文字通りの意味を分析すると、意図せずに伝えている情報がわかる。「嘘のなかの真《まこと》」と呼ばれることもある。

印象を良くするための修飾語句――言葉による欺瞞行動の一つで、自分の信憑性を高めるために使われる。例「正直に言って」「本当のところ」「率直に言えば」

影響を与えて隠す嘘――真実の情報を伝える代りに、相手の感じ方を操作しようとしてつく嘘。

Lの二乗モード――質問に対する反応に示される言葉による欺瞞行動と動作による欺瞞行動の両方を観察するため、目と耳を働かせて、「見ること（Look）」と「聴くこと（Listen）」を同時に行うこと。

おとり質問――仮定の状況について問う質問で、嘘をついている人の心に〝心を操るウイルス〟を蔓延させることを目的として使われる。典型的なおとり質問は、「……だという可能性はありますか？」という形をとる。

＊　＊

隠したい情報を省くための修飾語句――言葉による欺瞞行動の一つで、答えのなかから不都合な情報を除外するために使われる言葉。例「基本的には」「大方は」「本質的には」「おそらくは」「たいていは」

過度に詳しい返事——言葉による欺瞞行動の一つで、答えがあまりにも絞られていて専門的である場合と、あまりにも細かくて網羅的である場合がある。

簡単な質問の理解に困難をきたす——言葉による欺瞞行動の一つで、簡単な質問の理解に混乱をきたしていることを示すもの。質問の言い回しによって身動きがとれなくなり、質問内容の範囲を狭める必要が生じた際に使われることが多い。

聞き取りのプロセスや手順に不満を示す——言葉による欺瞞行動の一つで、聞き取りのやり方を問題にする行動。時間稼ぎや、質問の方向を変えさせるための策略である場合がある。例「あとどれぐらいかかるんだね？」

基準行動の設定——観察する行動が基準から外れないかどうかを見るために基準行動を設定すること。誤った結論が導かれる可能性が非常に高いため、私たちはこの行動評価テクニックは使用しないように勧めている。

口や目を隠す——動作による欺瞞行動の一つで、質問に答えるときに口を手で隠す、あるいは、熟慮など必要としない質問に答えるときに目を閉じる。

クラスター——二つ以上の欺瞞指標の組み合わせ。

クラスタールール——刺激を与えてから五秒以内に最初の欺瞞行動が現れ、その次に刺激を与えられるまでにもう一つ以上の欺瞞行動が現れた場合に嘘とみなす。

グローバルな行動評価——行動評価テクニックの一つで、ある質問に対する反応に現れた特定の欺瞞行動に注意を払うのではなく、あらゆるタイプの行動を捉えて分析しようとすること。

限定回答形式の質問——具体的な事実に関する情報を得るためにする質問。例「今朝出社したとき、すでにオフィスにいたのは誰ですか？」

攻撃的行動——言葉による欺瞞行動の一つで、一連の質問を質問者にさせないようにするために、質問者、被害者、あるいは第三者を攻撃するもの。質問者の信憑性や能力を非難する形をとることが多い。例「君には、この仕事の経験がどれだけあるというんだね？」

心を操るウイルス——ネガティブな結果をもたらす可能性のある情報を手にしたときに湧きあがる心理的不快感の俗称。その情報が導き出す潜在的な悪影響が次々に頭を駆け巡るようになる。

答えが複数になる質問——避けるべきタイプの質問の一つ。質問に二つ以上の問いが含まれているため、どの質問が欺瞞行動を生じさせているのかがわからなくなり、反応の行動分析が困難になる場合がある。例「ランニングはどのぐらいの頻度で行っていて、よく走るところはどこ

です か？」

答えではない発言――言葉による欺瞞行動の一つで、質問の答えになっていない返事をすること。質問者を満足させられるような答えをひねり出す時間を稼ぐのが目的。例「それは、とてもいい質問ですね」

言葉と動作の不一致――欺瞞行動の一つで、質問に対する返答の言葉と動作が一致しないこと。西欧の文化でよく見られる言葉と動作の不一致は、「ノー」と言いながら首を肯定的に縦に振る、あるいは「イエス」と言いながら首を左右に振るもの。

言葉によらない欺瞞指標――質問に対する反応によって示される欺瞞行動のうち、言葉によるコミュニケーションが関わっていないもの。

言葉による欺瞞指標――質問に対する反応によって示される欺瞞行動のうち、言葉によるコミュニケーションが関わるもの。

＊　＊

最小化――質問の前に述べる前置きの要素の一つで、質問に正直に答えたら不利な結果がもたらされるという相手の感じ方を最小限に抑えるために使用される。

刺激――行動反応を引き出すための質問や発言。

質問に答えられない――言葉による欺瞞行動の一つで、返答が質問の答えになっていないこと。

質問の前に述べる前置き――質問の前に一言添える説明で、情報を引き出しやすくするために使われる。相手が情報を明らかにするかどうか迷っているようなときには、この前置きによって、情報を前向きに明かす気持ちにさせることができる。

質問をオウム返しにする――言葉による欺瞞行動の一つで、返答を練るための時間稼ぎとして、質問をそのままくり返すこと。

自由回答形式の質問――話し合いの土台を築く手段、あるいは問題を探る手段として問われる質問で、通常の場合、説明的な返答が引き出される。例「お義母さんを訪ねるためにタンパに行ったはずだったのに、ラスベガスで何をしていたの？」

宗教を持ち出す――言葉による欺瞞行動の一つで、〝嘘を着飾らせる〟手段として神や宗教を持ち出す行為。例「聖書の山にかけて誓うが、私はそんなことは絶対にしない」

首尾一貫しない発言――言葉による欺瞞行動の一つで、なぜ話が変わったのか何の説明もなく、以前に言ったことと喰い違う発言をすること。

省略による嘘――真実を明らかにしてしまう内容を省くことでつく嘘。

自律神経系――臓器の機能や、刺激に対する体の不随意反応をつかさどる神経系。

心理的アリバイ――選択的記憶や限定的な知識しか持たないことを装って、相手をだまそうとする企て。

心理的固着化――相手が自分の主張にしがみつくしかないと感じるようになることで、この状態が生じると、情報を収集するプロセスは非常に困難になる。

推定質問――話し合っている問題や取り調べている問題に関わる何かを推定して行う質問。

ストレートな嘘――真実ではない発言をすることにより、断定的につく嘘。例（なくなった金を盗んだ犯人が）「金は盗んでいない」と言う。

正当性の表明――質問の前に述べる前置きの要素の一つで、その質問をする必要について説明すること。

責任の転嫁――質問の前に述べる前置きの要素の一つで、相手の防御の壁を低くするために、問題になっていることの一部は相手の責任ではないと示唆すること。

咳払い、つばを飲み込む――動作による欺瞞指標の一つで、質問に答える前に、咳払いをしたり、はっきりわかるほど、ごくりとつばを飲み込んだりすること。

説得力のある発言――問われている事実について答える代りに、自分の印象を好ましいものにして質問者を丸め込むために口にする真実または反論の余地のない発言。例（金銭を盗んだのではないかと問われた場合に）「私は正直者です。そんなことは絶対にしません」

選択的記憶――言葉による欺瞞行動の一つで、記憶にないと答えることにより心理的アリバイを築くこと。

＊　＊

タイミング――本書で紹介した嘘発見メソッドの指針で、刺激が与えられてから五秒以内に生じたものでなければ、欺瞞行動とはみなしてはならない。

他の発言や行為への言及――言葉による欺瞞行動の一つで、以前の発言や行為に言及すること。この行動は、反復という行動を心理学的ツールとして利用するもので、自分が真実を述べている可能性について質問者の心をよりオープンにすることを意図している。

手を顔にやる――動作による欺瞞行動の一つで、質問に答える際に顔や頭部に触れるもの。この行動は、闘争逃走反応が引き起こした血液循環の変化がもたらす不快感によって生じる場合がある。

闘争逃走反応――脅威に対して体をそなえるため、体内の主要な臓器や筋群に血液を送る自律神経系を活性化させる反応。

＊　＊

反応がない、または遅れる――言葉によらない欺瞞行動の一つで、質問に答えるまでに間が生じるもの。

否定――通常、不正行為に関する質問への答えとして口にする発言で、自分に対する非難は誤りだという主張。

否定形の質問――ある行為を否定する言い回しの質問。この質問タイプは、相手を言い逃れさせてしまう可能性があるため避けるべきである。例「あなたは彼女といちゃついたりしなかったわよね？」

否定できない――嫌疑を否定することに困難を示すという言葉による欺瞞行動を集めたカテゴリー。こういった行動は、疑いがまったく否定できない、非特定的な否定をする（例「私は絶対にそういったことはしない」）、あるいは長たらしい返答に否定を埋め込む、といった形をとることがある。

微表情――顔面の筋肉に生じる不随意の一瞬の動作で、怒り、軽蔑、嫌悪といった感情を表す。非実用的であり、なおかつ欺瞞を示す微表情というものは存在しないため、嘘を見抜こうとする際には微表情をあてにしないよう勧めする。

不適切な（軽すぎる）懸念のレベル――言葉による、よらないにかかわらず見られる欺瞞行動の一つで、目前の問題の重要性を薄めることにより、質問者と自分の立場を対等なものにしようとする行動。言葉による例「なんでみんな、そんなに大騒ぎしているんですかね」。言葉によらない例――深刻な状況に関する質問に答えるときに、笑みを浮かべる、あるいは笑い声を立てる。

不適切な質問――言葉による欺瞞行動の一つで、なされた質問に直接関係のない質問で答えること。例――「なくなったパソコンが出てきたときに、あなたの指紋が検出される可能性はありますか？」という質問に対して、「パソコンの値段はいくらだったのですか？」と訊くような場合。

不適切なレベルの礼儀正しさ――言葉による欺瞞行動の一つで、質問に答える際に、質問者に対して過度に礼儀正しい言葉を使ったり、予想外の賛辞を口にしたりするもの。例　特定の質問に答える際に、いままで使っていなかった「サー」や「マーム」といった言葉を使う。

返答をしぶる、または拒否する――言葉による欺瞞行動の一つで、質問に答える際に、不快感を示したり、答えをしぶったり、拒否したりすること。

＊　＊

身づくろいのしぐさ――言葉によらない（動作による）欺瞞行動の一つで、自分の体あるいは身の回りにあるものを整えることを通して、不安感を散逸させる行動。

網羅的質問――省略による嘘の発見を見抜くことを目的とした締めくくりの質問で、質問者がうっかり問題を見過ごした際のセーフティーネットの役割をする。例「私が知っておくべき重要な点で、これまで話し合ってこなかったことがありますか？」

誘導尋問――質問者が突き止めようとしている答えを含む質問。

理屈付け――質問の前に述べる前置きの要素の一つで、問題になっている行動には社会的に容認可能な理由があり、ある程度まで許される余地があると示唆することによって相手の心を開くもの。

謝辞

本書の内容の大部分は、表紙に名が記載されていない大勢の人々が成しとげた一連の業績を集大成したものである。さらに本書は、著者の家族らの愛情あふれる支援がなければ、世に出ることはなかったであろう。人生におけるもっとも身近な人たちが寄せてくれた励ましと助言、そしていかなる意義ある企てにもつきものの負担を分かち合おうとする確固とした善意は、数年間にわたった本書の執筆を支えつづけてくれた。

執筆期間全体を通して、私たちはすばらしい人々に囲まれるという幸運に恵まれた。こうした人々は、時間と専門知識を惜しみなく与えてくれただけでなく、本書が、人生を変える力のあるテーマを伝えるに値する書になるよう心から願ってくれた。とりわけ、本書で紹介したコンセプトを進化させて広めるために著者らが設立した企業〈キューヴェリティ（QVerity）〉社の共同経営者で、国際的な名声をはせている法律専門家かつ大事な友人であるピーター・ロマリーには、その貴重な助言に深謝する。さらに同じく〈キューヴェリティ〉社の同僚かつ友人である三氏——共同設立者のビル・スタントン、トレーニング・スペシャリストのジャック・バウデン、カリスマ・マーケターのブライアン・スティーヴンソン——にも特別の謝意を表したい。

さまざまな段階の草稿にくり返し目を通し、並外れたスキルを通して本書に貢献してくれた次の各氏にも感謝申し上げる——デビ・ヒューストン、ジムとフランシス・ウィンステッド、アレックスとテリー・リーヴス、マイクとペニー・ヒューストン、ケイシーとデビー・ヒューストン、フィリップとレベッカ・ヒューストン、クリス・ヒューストン、ベス・ヒューストン、ニック・ドーソン、アーディス・テナント、マーシー・ロマリー。私たちのエージェント〈N・S・ビーンストック〉社のポール・フェドーコは、トレーニングに参加して、その内容をあらゆる人に伝えるべきだと確信し、そのときの体験を本書の枠組みに変えるプロセスを優れた手腕で導いてくれた。また〈セント・マーティンズ・プレス〉出版社の担当グループはこれ以上望めないほどの職業的手腕を発揮してくれ、非常にスムーズな執筆作業を行うことができた。同社の才能ある原稿整理編集者やデザイン担当各氏にも大変お世話になった。すばらしい柔軟性と穏やかな性格、そして優れた編集能力を兼ねそなえている編集者のマーク・レズニックは、文句なく業界最高の編集者だ。ためらうことなく私たちを信頼してくれたことに深く感謝する。

フィリップ・ヒューストンによる謝辞

もし人生最大の欺瞞が、自分一人の力で大きな成果を生み出せると思い込むことだとしたら、おそらく人生最大の宝物とは身近な人々だろう。そうした人たちがいなければ、どんな目標も単なる夢に終わってしまう。共著者として本書を綴ることは、すばらしい家族のゆるぎない支援がなければ不可能だった。妻のデビ、息子のフィリップ・ジュニアとクリス、そして娘のベスに心から感謝したい。家族の愛情と支援と理解がなければ、世界中を旅し、本書で紹介したテクニックを開発するような仕事をキャリアにすることは決してできなかった。子どもたちには、本書のテクニックの例として、それぞれの個人的なエピソードを活用させてくれたことにも礼を言いたい。

おそらく生涯忘れないだろう友情と支援を私に寄せてくれた方々は大勢いるものの、なかでも特別の謝意を表したいのは、ＣＩＡの元同僚の四人だ。嘘を見抜くトレーニングを商業化する企てをともに始めたこの四人――ビル・フェアウェザー、ジャック・バウデン、ゲアリー・バロン、そしてここしばらくは名を伏せなければならない第四の同僚――の努力と起業精神と献身がなければ、本書が書かれることはなかったかもしれない。彼らには死ぬまで恩義を忘れないだろう。この四人が国家に捧げたキャリアは、それぞれ一冊の本に値する。

もちろん中央情報局《ＣＩＡ》は、本書で綴ったすべての物事の背景にあり、このすばらしい機関についてここで触れないとすれば、手抜きをおかすことになってしまう。二五年近くも勤務したあとでは、ＣＩＡ以外の機関でキャリアを積むことなど想像もできない。ＣＩＡの業務の大部分は秘密裏に行われなければならないという現実があるとはいえ、世界中にいる局員が日々遂行している優れた業績を国民の誰もが自由に目にできないのはいささか残念なことだ。自らの功績のためではなく、自由のために奉仕しているＣＩＡの局員たちほど立派で献身的な人々の集団は、世界に二つとない。

マイケル・フロイドによる謝辞

私は、ある村で育ったことに感謝している。この村とは、ネブラスカ州コロンバスのことだ。アメリカの中部地域にある小さな農業共同体で、言葉よりも模範に沿って暮らす質実剛健な人々でひしめいている。そこでは何をするにも他人の力を借りずに成し遂げることなど考えられない。スペースの制約により、私の人生に大きな影響を与えてくれた無数の人たちの名をすべて挙げられないのは残念だ。

とりわけ感謝を捧げたいのは、私を指導してくれた教師、コーチ、そして友人と近所の人々だ。生涯の友で、悪ふざけの相棒だったスティーヴ・アンダーソンへ――いつも窮地を救ってくれてありがとう。高校時代の陸上競技とフットボールのコーチ、ロン・キャランへ――インスピレーションと、手本を示してくださったことに感謝しています。向こう見ずで起業家精神にあふれた軍仲間のフランク・アージェンブライトへ――あの若かったとき、嘘を発見する専門職に進むことを励ましてくれてありがとう。私のことを〝ネブラスカから来た厚かましいヤツ〟と呼んだ恩師、故ジョン・E・レイドへ――本書を誇りに思っていただけますように。法科大学院の教授、ポーラ・ラストベイダー、デイヴィッド・ボーナーへ――人生のもっとも重要な贈り物である自信を授けてくださったことに感謝しています。私の美しい姉妹、ジュリーとステファニーへ――私を導いてくれたこと、そして気前の良さとユーモアをありがとう。他界した両親ビルとウィルマ・フロイドに――良い影響と無条件の愛を与えてくださったことに心から感謝を捧げます。最後に、もっとも大切な人――小児、思春期、および成人専門の非凡な精神科医である妻エステリータへ――励まし、支え、知恵、気概、そして愛情をありがとう。君はぼくの心のよりどころだ。

スーザン・カルニセロによる謝辞

他の共著者と同じように、私も長年にわたって有益な助言と支援を寄せてくれるすばらしい友人や家族に囲まれて過ごすという幸運に恵まれてきた。心からの感謝を両親のアナ・マリーとジャック・ベントンおよびクリフ・マンシーに捧げたい。ときには私の決断を疑問視することもあったろうに、この三人は終始一貫して私を支え続けてくれた。すばらしい友人で恩師でもあるシーラ・デリベリーとウォーレン・ハンマーには、人間性の面でも仕事の面でも私に最高のものだけを求め、その過程で自分を信じる力を与えてくれたことに感謝したい。この二人がいなければ、本書に関わるようなことは不可能だっただろう。そのほかにも、話の素材を提供してくれたり本書の理念を支援してくれたりして、執筆作業を助けてくれたたくさんの友人がいる。スペースの関係からここで全員の名を挙げることはかなわないが、みなさんに感謝の意を表したい。なかでも、とりわけ謝意を表したいのは、シンディとスティーヴ・ジェンサロウスキーだ。この二人とは、ベランダに座って、無数の時間を本書で綴ったような話や人生一般の話に費やしてきた。あなたがたは私の長年の命綱。そして終生の贈り物です。

最後に、最大の感謝を子どもたち、ローレンとニックに捧げたい。あなたたち二人の話をトレーニングでも本書でも活用させてくれてありがとう。疾風怒濤のわが家の生活は、いつも楽というわけではなかったけれど、あなたたちの愛情と支援、そしてユーモアのセンスは、毎日を喜んで迎える気持ちにさせてくれました。心からあなたたちを誇りに思い、やがて一緒に大人の人生を過ごすときを楽しみにしています。でもいまはまず、宿題をやらなくちゃね！

母より愛をこめて。

ドン・テナントによる謝辞

私は、メイン州エリオットにあるグリーン・エーカー・バハーイー・スクールのキャンパスで暮らすという大いなる幸運を手にしている〔バハーイー教は一九世紀半ばにイランで興った、人類の統一と平和を目指す世界的普遍宗教〕。そこは、真実という価値自体が学校の存在基盤を成しているようなところだ。妻のアーディスがこの学校のスタッフなので、私も、人間にそなわっている気高さへの感謝の気持ちを深く育てる環境のなかで、暮らし、働くという恩恵に浴している。〝人間にそなわっている欠陥は、誰もが直面する試練だ〟とみなす環境で本書の執筆を手助けすることができたのは願ってもないことだった。人が正直になるか嘘つきになるかが試される状況に関わる書き物をするには、まさにうってつけの場所なのだから。そこでは、人を裁いたり非難したりするようなことは一切しない。なぜなら、私たちはみな一蓮托生の運命にあり、本来いるべき場所に到達するには、みなで共に努力しなければならないという教訓を常に思い出させられるからだ。この贈り物を大切に守っていることについて、そして本書執筆に寄せてくださった励ましと支援について、グリーン・エーカーの友人たちとエリオットの共同体の方々に心からの感謝を捧げる。

私の人生で生じたあらゆることを考えるにつれ、そして本書に関わることに力を貸してくれた人々について考えるにつれ、私の思いは家族の元に戻る。長女のアーディス(祖母にちなんでつけた名前で、彼女は三代目になる)、長男のドン(そう、我が家の長女と長男は、親と同じ名前なのだが、どうか放念されたい)、次男のダン、そして次女シェリーの四人の子どもたちは、彼らの父親として一〇回生きたとしても返しきれないほどの幸せを私に与えてきてくれた。それぞれが、私がついに大人になったときにそなえたいと思っている長所をすでに身につけている。最後にもっとも大切なことだが、わが愛する妻アーディスは、誰かを真に愛すること、そして誰かに真に愛されることの意味を教えてくれた。彼女はいまでも、そしてこれからもずっと私の天使であり続ける。

訳者あとがき

本書の原題は『スパイ・ザ・ライ』(Spy the Lie)。文字通り、CIAの元ベテラン尋問官と元敏腕スパイが長年磨き上げてきた「嘘を見抜くテクニック」を伝授する書だ。著者らは現在、自ら設立した「キューヴェリティ(QVerity)」社を通して欺瞞検知、適格審査、面接における業務を提供しているほか、欺瞞検知テクニックのトレーニングも広く行っている。顧客は情報機関や警察、大手民間企業などだ。情報機関や警察で嘘を見抜くテクニックが必要なわけは自明の理だが、なぜ民間企業も顧客に名を連ねているかというと、とりわけ金融セクターでは、投資先の業績見込みを正確に見きわめることに巨額がからんでいるからである。本書でも、コンピュータ・アソシエイツ社のCEOだったサンジェイ・クマーの嘘の実例が挙げられているが、キューヴェリティ社は、各社の「アーニング・コール」(テレビ会議によって行われる投資家向けの業務報告)を視聴、分析し、その信憑性に関する報告書をヘッジ・ファンドや投資銀行向けに作成している。

この「キューヴェリティ」社の前身が、「BIA(ビジネス・インテリジェンス・アドヴァイザーズ)」社だ。「はじめに」の章にもあるとおり、著者らはCIAに勤務しながら民間の〝アルバイト〟を始めたわけだが、どうやらそれは、頭脳流出を避けるためのCIAの苦肉の策だったらしい。ともあれ、著者らは二〇〇〇年の同時多発テロ後にCIAを退職し(その理由は、情報を引き出すテクニックに「拷問」を使うことが許せなかったためだという）ＢＩＡを設立した。繁忙期には、このＣＩＡの〝アルバイト制度〟を利用し、今度は雇用者になって現役の尋問官らを使っていたそうだ。このあたりについては、エイモン・ジャヴァーズ著『諜報ビジネス最前線』（大沼安史訳、緑風出版）に詳しい。ちなみに同書によると、ＢＩＡが、あるヘッジ・ファンドから依頼されて行った講習会の講師料は、二〇〇六年の時点で一日三万ドルもしたそうである！

その後二〇〇九年に、著者らはＢＩＡを売却し（ただしＢＩＡは現在も業務を続行）、新たにキューヴェリティ社を創設した。同社の評判は非常に高く、このテクニックを編み出したフィル・ヒューストンは、ＣＢＳ、フォックスニュース、ＣＮＢＣをはじめとする大手マスコミからひっぱりだこになっている（同社のウェブサイト、www.qverity.com/news/ にリンクがあるので、ぜひご覧いただきたい）。また、本書で指南されている「メソッド」の絶大な効果については、元ロサンゼルス市警（ＬＡＰＤ）警察長かつ元ニューヨーク市警（ＮＹＰＤ）およびボストン市警（ＢＰＤ）本部長だったビル・ブラットンの次の言葉が示しているだろう。「ＬＡＰＤの警備部と強盗殺人課の刑事たちがキューヴェリティの講座を受講したあとに、ベテラン捜査官が言ったんだ。〝この講座を受けなければ、刑事になれないようにすべきだ〟と。そして〝いままで取り調べた全容疑者を、もう一度取り調べ直したい〟とね」。本書に挙げられているＯ・Ｊ・シンプソンの取り調べで、〝使うべきだった〟言い回しを読めば、講座を受ける前と受けたあとの違いがおわかりになると思う。

とはいえ、このテクニックの効き目は、スパイの尋問やビジネスエグゼキュティブの嘘の発見に留まらない。お子さんが宿題をやったかどうか、息子がドラッグをやっていないかどうか。はたまた、夫が浮気をしていないか、政治家が嘘をついていないかどうか、といったことについても、高い精度で結果が得られる。しかも、基本的なルール（クラスタールール）はシンプルで、相手に刺激（質問）を与えてから五秒以内に最初の欺瞞行動（嘘の可能性を示す行動）が現れ、次の質問がされるまでに、もう一つ以上の欺瞞行動が現れたら、「問題あり」とみなして、さらにその分野を掘り下げる、というもの。本書ではさまざまな実例を通して、この欺瞞行動の見つけ方を指南していく。

著者らが絶対に譲れない一線として守っているのは、相手と対立せずに取り調べや面接を行うことだ。自分のことを敵だと思わせてしまったら最後、相手は心を閉ざしてしまう。まさに「このメソッドの狙いは、面接の終了時に、こちらが望んでいた情報を提供させておきながら、相手に満足して部屋を去らせることにある。あなたは、ただ相手に正しい行動を促すだけで、被面接者も面目を失わずにすむのだ」（第3章）。

相手が嘘をついているかどうか、あなたが知りたいことは何だろう？　実は、もうひとつ著者たちが釘を刺していることがある——ほんとうに結果が知りたいのでなければ、このメソッドは使わないこと。それほどの効果があるのだ。世の中には「知らぬが仏」ということもある。この点、どうかくれぐれもご用心されたい。

本書の刊行には、創元社編集部の渡辺明美さんに大変お世話になりました。この場をお借りして御礼申し上げます。

平成二七年　早春

中里京子

著者・ライター紹介

●著者

フィリップ・ヒューストン、マイケル・フロイド、スーザン・カルニセロは、欺瞞検知、適格審査、および面接テクニックにおけるトレーニングとコンサルティングを全世界に向けて提供している〈キューヴェリティ〉社（www.qverity.com）の共同設立者である。

フィリップ・ヒューストン　欺瞞検知、重要な取調べ、および情報誘出の第一人者として全米で高い評価を受けている。中央情報局（CIA）に二五年間勤務し、優れた業績を挙げた局員に送られる〈キャリア・インテリジェンス・メダル〉を受賞。その優秀さは、保安局上級職員としての功績にも表れている。上級職員在任中は、捜査官およびポリグラフ検査官として、CIAおよび他の連邦政府関連機関で数千件もの面接や尋問を手がけ、全米のインテリジェンス・コミュニティや法執行機関で現在活用されている嘘発見メソッドを開発したことでもよく知られている。彼の職務範囲は、犯罪行為や局員の保安に関するものから、対敵諜報活動や反テロ活動を含む国家安全保障上の主要問題にまで及んでいた。手がけた面接や取り調べの多くが諸外国で行われたことに加え、六年間にわたって海外に駐在していたことから、外国文化を取り扱うえでのユニークな洞察力と豊富な経験もそなえている。

マイケル・フロイド　北米、ヨーロッパ、およびアジアにおいて、〈フォーブス〉誌の長者番付トップ一〇に名を連ねる複数の同族企業や大企業にトレーニングとコンサルティング業務を提供しており、犯罪行為、職員適格審査、国家機密が関わるケースにおける取り調べ、欺瞞検知、情報誘出の権威として広く知られている。

フロイドは〈アドヴァンスト・ポリグラフ・サーヴィス〉社の創設者で、法務執行機関や法律事務所および民間企業から同社に寄せられた要請を受けて、一〇年間にわたり、注目を集めた事件当事者の取り調べや尋問を行ってきた。最近は金融サービス業界や監査法人コミュニティー向けに、欺瞞検知と情報収集の分野でトレーニングとコンサルティングを提供する業務に携わっている。

スーザン・カルニセロ　CIAの元覆面工作員。安全保障分野のエキスパートだったカルニセロは、二〇年間にわたって主に国家安全保障、採用、および犯罪に関する取り調べ、尋問、ポリグラフ検査に携わってきた。連邦政府内およびさまざまな民間企業で活用されている行動スクリーニングプログラムの開発者でもあり、面接、欺瞞検知および情報誘出の第一人者として広く認められている。

　連邦政府機関や法執行コミュニティーをはじめ、金融サービス企業や他の民間企業に対しても広範囲にトレーニングを施してきており、最近は、米国政府内における高級職員の適格審査や、〈フォーブス〉誌の長者番付トップ一〇に名を連ねる複数の同族企業のコンサルティングなどを手がけている。

●ライター………

ドン・テナント　ビジネスとテクノロジー分野におけるベテランジャーナリストで、現在〈キューヴェリティ〉社の共同経営者であるドン・テナントは、国際経済問題を手がけるリサーチアナリストとして国家安全保障局に勤務することからキャリアをスタートさせた。合衆国の上級政策立案者たちに重要な情報報告書を作成するという経験を積んだのち、ジャーナリズムへの道に進むことを決意し、〈コンピューターワールド〉誌の編集長として採用される。そののち〈コンピューターワールド〉誌および〈インフォワールド〉誌の論説委員に昇格した。その間、数十人の著名CEO、および数百人の一流企業重役に綿密な取材を行っている。

●訳者………

中里京子（なかざと　きょうこ）　主な訳書に『きっと上手くいく10の解決法』シリーズ（創元社）、『ハチはなぜ大量死したのか』（文藝春秋）、『不死細胞ヒーラ』（講談社）、『食べられないために』（みすず書房）、『依存症ビジネス』（ダイヤモンド社）など。

交渉《こうしょう》に使《つか》えるCIA流《りゅう》
嘘《うそ》を見抜《みぬ》くテクニック

2015年2月20日　第1版第1刷発行

著　者……………………………………………
フィリップ・ヒューストン
マイケル・フロイド
スーザン・カルニセロ
ドン・テナント
訳　者……………………………………………
中　里　京　子
発行者……………………………………………
矢　部　敬　一
発行所……………………………………………
株式会社 創　元　社
http://www.sogensha.co.jp/
本社　〒541-0047 大阪市中央区淡路町4-3-6
Tel.06-6231-9010　Fax.06-6233-3111
東京支店　〒162-0825 東京都新宿区神楽坂4-3 煉瓦塔ビル
Tel.03-3269-1051
印刷所……………………………………………
株式会社 太洋社

ISBN978-4-422-30062-7